Becker Einführung in die Politikwissenschaft

Herausgegeben vom
Institut für Lehrerfortbildung
Essen-Werden

Franz Josef E. Becker

Einführung in die Politikwissenschaft

Materialien für Lehrer

Pädagogischer Verlag Schwann Düsseldorf

CIP-Kurztitelaufnahme der Deutschen Bibliothek

Becker, Franz Josef E.:
Einführung in die Politikwissenschaft :
Materialien für Lehrer / [hrsg. vom Inst. für
Lehrerfortbildung, Essen-Werden]. – 1. Aufl. –
Düsseldorf : Pädagogischer Verlag Schwann, 1978.
ISBN 3-590-14525-0

1. Auflage 1978
Umschlaggestaltung Norbert Gerards
Gesamtherstellung Brönner & Daentler KG, Eichstätt
IBSN 3-590-14525-0

Inhalt

Vorwort

Die „Einführung in die Politikwissenschaft" verfolgt einen praktischen Zweck. Sie orientiert sich deshalb nicht an gängigen Mustern einer wissenschaftssystematischen Einführung. Sie soll vielmehr Lehrern und Lehrerstudenten dienen, die Politikunterricht im demokratischen Verfassungsstaat zu geben haben, und weniger zu Politologen im speziellen Sinne ausgebildet werden wollen.

In der Lehrerfortbildung hat es sich in den gesellschaftswissenschaftlichen Fächern als allgemeiner Mangel erwiesen, daß die meisten Lehrer, die Sozialkunde, Gesellschaftslehre oder Politik unterrichten, sich ohne allgemeinere und speziellere Vorkenntnisse in der Regel auf Handbücher und Unterrichtshilfen verlassen müssen, denen eine allgemeine Orientierung fehlt und die zu wenig versuchen, einen durchgehenden Problemzusammenhang des demokratischen Verfassungsstaates darzustellen.

In dieser Einführung ist der Versuch gemacht, diesem Mangel abzuhelfen. Sie will den Lehrer anregen, den Gesellschaftslehre- und Politikunterricht mehr vom Funktions- und Legitimationsgedanken des demokratischen Verfassungsstaates her zu gestalten. Dabei wird die Voraussetzung gemacht, daß der demokratische Verfassungsstaat als Idee und Norm eine fortgeschrittene, entwicklungsfähige und praktizierbare Organisation der Gesellschaft darstellt, die es zu erhalten und mit der zu identifizieren sich im Prinzip lohnt.

Der Vorwurf, daß das Konzept affirmativ sei, trifft unter dieser Hinsicht nicht. Abgesehen davon, daß die Affirmation des als vernünftig Bestimmten und Erkannten nur dann negativ beurteilt werden kann, wenn der vernünftige Kern der Sache selbst abgelehnt wird, wird hier auch davon ausgegangen, daß die Bestätigung und Vertiefung des freiheitlichen Geistes des demokratischen Verfassungsstaates nicht als blinde Affirmation des Bestehenden interpretiert werden kann. Vielmehr ist die Annäherung an die Idee der kritische Maßstab der alltäglichen Praxis. Der ideelle Gehalt — durchaus durch Erfahrung gewonnen — ist es ja denn auch, der die Legitimation schafft und den Maßstab jeglicher möglichen Kritik, wenn sie nicht willkürlich sein soll, formuliert.

Weil es sich um das demokratisch verfaßte Gemeinwesen handelt und die alltägliche Erfahrung aufgenommen werden sollte — wenn auch nicht auf der Ebene der Unmittelbarkeit —, geht diese Einführung von der politischen Gemeinde aus, um dann zum System von Bund und Ländern überzugehen. Dabei ist darauf hinzuweisen, daß gerade die Kommunalpolitik zwar gegenwärtig stark im Licht öffentlicher Diskussion steht, aber in der allgemein zugänglichen Publizistik zu wenig thematisiert ist. Wenn sie behandelt wird, dann vorrangig als Restproblem des Verwaltungshandelns oder im Zusammenhang mit Bürgerinitiativen. Als eigenständiger politischer Ort ist sie wenig bewußt. Dabei geschieht auf der Kommunalebene die unmittelbare politische Erfahrung.

Von der Konzeption der politischen Organisation des Gemeinwesens der Bundesrepublik Deutschland ausgehend wird dann der Versuch gemacht, zu allgemeineren Themen überzugehen, wobei gerade jene Abschnitte, die sich allgemeineren Bedingungen politischen Handelns widmen, versuchen, die Sinnproblematik des politischen Daseins aufzuschließen. Sie wollen zeigen, daß nicht nur in formaler, sondern in grundlegender Hinsicht die Sache der Gesellschaft eine Sache mit offenem Ausgang ist und weitgehend abhängt vom Bewußtsein der diese verfaßte Gesellschaft tragenden Mitglieder. Wenn dabei auf Bereiche mangelnder Fragestellung, öffentlicher Diskussion und inhaltlicher Bestimmtheit verwiesen wird, dann darum, um diese Bereiche letztlich nicht Definitionseliten zu überlassen, sondern in ihrem Problemzusammenhang als Fragen einer offenen Gesellschaft zu verdeutlichen, die von dieser auch offen formuliert und beantwortet werden müssen. Dabei gilt die Voraussetzung, daß Macht nicht allein oder so sehr durch die Beherrschung der Administration ausgeübt wird, sondern ihre Wirksamkeit aufgrund des Bewußtseins aller Bürger entfaltet. Diese — dem demokratischen Selbstverständnis nach — zur Erkenntnis der lebensbestimmenden Probleme des Gemeinwesens anzuregen, soll diese Einführung einen Beitrag leisten und den Wunsch nach selbständiger Weiterführung vertiefen. Dazu dient die kommentierte Bibliographie, die aus praktischen Erwägungen nur einige wenige Titel nennt, die Anfängern helfen können, sich zu orientieren.

Franz Josef E. Becker

I. Gemeinden, Länder, Bund als politisches System

Dem formalen Gehalt nach ist das System der Bundesrepublik Deutschland — die Einheit dieses Staatswesens also, in dem Bund, Länder und Gemeinden Elemente sind — als demokratisch-repräsentatives, parlamentarisches System definiert. Diese Systemdefinition beschreibt den formalen Zusammenhang der politischen Handlungen und nennt ihre institutionelle Zuordnung. Damit wird die legale Basis bestimmt, nämlich der Geltungsanspruch der politischen Handlungen vermittels der Beachtung der für das System konstitutiven Verfahren. Der Inhalt der Handlungen ist durch die Verfassungsdefinition dieses Staates als freiheitlich-sozialer Rechtsstaat bestimmt. Diese Bestimmung erhält ihre nähere Beschreibung durch den Grundrechtskatalog und die Ausführungen der Art. 20–146 GG. Die Forderungen der Art. 21–146 GG gehören jedoch nicht mehr zu den grundsätzlichen Systembestimmungen, vielmehr sind sie als Organdefinitionen zu bezeichnen. Sie sind elementare Bestimmungen zur Verwirklichung der Systemdefinition. In ihnen wird die Struktur der Organe in Beziehung zu den Elementen des Systems angegeben. Dazu gehören etwa auch die Bestimmungen des *föderalistischen Prinzips* der Bundesrepublik Deutschland.

Gemeinden, Länder, Bund sind Elemente eines demokratisch-repräsentativen, parlamentarischen Systems föderalistischer Struktur, dessen politische Inhalte den Kriterien eines freiheitlich-sozialen Rechtsstaats zu entsprechen haben.

1. Die Gemeinden

1.1 Allgemeine Bestimmung

Gemäß einer Vorstellung, die bis auf die innere Reform Preußens zurückgeht, aber auch basisdemokratische Elemente enthält, ist die politische Gemeinde der Ort ursprünglicher Verwirklichung des menschlichen Daseins als Bürger. Hier verschmelzen die Räson des abstrakten Staates und die Vernunft des einzelnen Bürgers ineinander. So wenigstens nach Vorstellungen von einem harmonischen Verlauf des gesellschaftlichen Lebens.

In der basisdemokratischen Interpretation ist die politische Gemeinde überhaupt der Ort legitimen politischen Handelns, weil hier Bürgerwille und Bürgerhandeln am ehesten übereinzustimmen vermögen. Wo das nicht der Fall ist, wird eine Verfälschung der Demokratieidee unterstellt. Zwar ist das institutionalisierte Verständnis von politischer Aktivität der Gemeinde ein anderes, aber immerhin können sich basisdemokratische Interpretationen auf soziologisch und politisch ambitionierte Deutungen der Gemeinde als eigentlicher Verwirklichungsstätte menschlichen Daseins berufen. Basisdemoraktische Theorien berufen sich – gleich welcher politischen Richtung sie nahestehen – auf Momente direkter Erfahrung und Handlung, also auf Identität unter Einschluß gefühlsträchtiger Elemente.

Eine Wurzel für die aktuelle Diskussion ist die Marxsche Wertung des Aufstandes der Pariser Arbeiterschaft 1871. Karl Marx hat ihn als wahre Form der politischen Aktivität und der Beteiligung aller Bürger betrachtet. Er war der Meinung, daß innerhalb der Kommune alle wirklich politischen Entscheidungen authentisch gefällt würden; hier werde die Trennung (Entfremdung) von Subjekt und Objekt der Entscheidung aufgehoben. Marx übersah jedoch, daß er eine besondere Form der Verwirklichung des menschlichen Lebens zur allgemeinen hochsteigerte, nämlich die städtische Zivilisation. Deshalb erklärte er die städtischen Räte zu den wahren Sprechern auch der Landbevölkerung. In der Wertung der städtischen Gemeinde gerät er in Widerspruch zur eigenen Theorie des Weltmarktes und seiner universalen Prinzipien. Denn schon seit den Frühschriften und vor allen Dingen im Manifest geht Marx davon aus, daß die moderne, bürgerliche Gesellschaft getragen wird durch ein universelles Prinzip der Mobilität. Das von ihm hochgesteigerte Prinzip der Kommune stellt diesem gegenüber jedoch ein Partikulares dar – eine nur lokal gültige Wirklichkeit.

Die Bedeutungszumessung gegenüber der Gemeinde wird auch sichtbar in der Wertung, die ihr der Soziologe René König angedeihen läßt. Noch 1958 schrieb er: „Es besteht wohl kein Zweifel darüber, daß die Gemeinde neben der Familie eine der wichtigsten Formen der Gesellschaft darstellt" (R. König: Grundformen der Gesellschaft: Die Gemeinde, Hamburg 1957, 7). Die durch die Gebietsreform festgeschriebene Stadtstruktur läßt zumindest die Frage nach der Realitätsnähe dieser Vorstellungen aufkommen.

Das durch Funktionen: Verkehr, Produktion, Konsum und Verwaltung, bedingte Gefüge und die wachsende horizontale Mobilität — oder doch der Zwang dazu in den modernen Industriegesellschaften — läßt diese Beschreibung der politischen Gemeinde immer unwirklicher werden. Auf großstädtische Lebensformen trifft sie kaum zu. Nur mit Hilfe einer Abstraktion, die Bezirke und Nachbarschaften an die Stelle der Gemeinde setzt, ist dieses Gemeindeverständnis noch aufrechtzuerhalten. Die Bedeutung der Gemeinde beim „Aufbau der sozialkulturellen Persönlichkeit" (R. König) wird verabsolutiert, wenn ihr alleine bildende Kraft zugesprochen wird. Ihre Wertung gilt vorrangig für ein Modell konzentrischer Kreise (vgl. Abb. 1), wo die Außenbeziehungen des Einzelnen im Umfeld der Gemeinde als konzentrisch bestimmte Umweltaneignung begriffen werden.

Diesem *Konzept* widerspricht aber:
— die hohe Mobilitätsanforderung der modernen Industriegesellschaft,
— die lokale Differenzierung zwischen Haushalt und Betrieb (zwischen Erwerbsleben und Freizeitbereich),

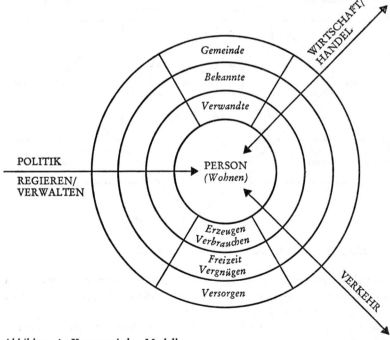

Abbildung 1: Konzentrisches Modell

— der geringe Grad der Durchschaubarkeit unmittelbarer Lebensbezüge aufgrund übergreifender struktureller und funktionaler Bedingungen (vgl. Abb. 2).

An die Stelle der Gemeinde tritt die *geographisch* wie *sozial* wechselnde *Gruppenerfahrung.*

Gemeinde wird idealtypisch vorgestellt als konstituiert durch: face-to-face-contact, damit einhergehendes wechselseitiges Vertrauen, durch reduzierte Differenz zwischen Delegation und Zustimmung — aufgrund hoher persönlicher Bekanntheit von Beauftragenden und Mandatsträger, Konvergenz von administrativen Organen und Verwalteten als Folge von Personengleichheit beider, oder direkten Personenbezugs zwischen beiden Gruppen.

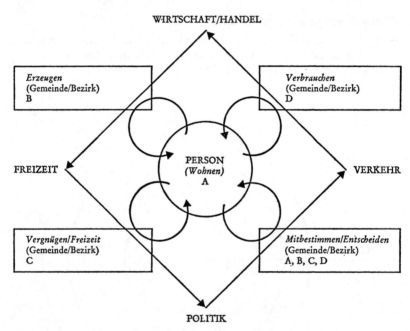

Abbildung 2: Räumlich mobiles, funktionales Modell

Die idealtypische Bestimmung entspricht, wenn überhaupt, nur einem Typus der Gemeinde: dem Dorf oder der kleinstädtischen Struktur. Den Stadtlandschaften wird sie nicht gerecht.

Die folgende Beschreibung der Gemeinde sucht deren Ort im *gesellschaftlichen Ganzen* realer zu erfassen:

„Die Gemeinde ist ein Teilsystem innerhalb umfassender politisch-gesellschaftlicher Systeme. Andererseits nimmt die Gemeinde als örtlich begrenztes Teilsystem der Gesellschaft wesentliche gesamtgesellschaftliche Funktionen wahr. Ihr fällt die Aufgabe zu, auf der lokalen Ebene die Befriedigung der wirtschaftlichen, gesellschaftlichen und kulturellen Bedürfnisse ihrer Einwohner zu organisieren. Insbesondere die Großstädte stellen in sich außerordentlich komplexe gesellschaftliche Systeme dar, die bereits durch ihre städtebauliche Struktur ihre innere Komplexität widerspiegeln. Produktion und Konsum, Wohnen, Bildung, Gesundheit, Erholung vollziehen sich auch in einer ‚mobilen' Gesellschaft überwiegend auf der örtlichen Ebene. Diese Tatsache scheint so selbstverständlich zu sein, daß sie in dem öffentlichen Bewußtsein kaum registriert wird. Diese Nichtbeachtung liegt allerdings auch darin begründet, daß sich die örtlichen Lebensverhältnisse in den Gemeinden gleicher Größenordnung kaum voneinander unterscheiden. Von einer Individualität der Städte kann in dieser Beziehung kaum die Rede sein. Die Gemeinden sind funktionale Teilsysteme der Gesellschaft geworden" (W. Ribhegge: Die Systemfunktion der Gemeinden, in: Aus Politik und Zeitgeschichte B 47/73,3).

Je nach Gesichtspunkt verschiebt sich auch die Beschreibung des Typus Gemeinde. Für den Juristen etwa bedeutet sie „die kleinste politische Verwaltungseinheit mit Selbstverwaltungsbefugnissen". Das rechtlich-politische Gebilde Gemeinde ist nur schwer in Übereinstimmung zu bringen mit den bei der Gemeindesoziologie im Mittelpunkt stehenden menschlichen Beziehungen und Verbindungen. Die Gemeindegebietsreform hat sich denn auch letztlich nicht an Begriffen der Soziologie orientiert, sondern eher an verwaltungspolitischen Vorstellungen und noch mehr an denen einer den Kommunen übergeordneten Bürokratie. Trotz der Schwierigkeit einer theoretisch tragfähigen Begriffsbildung zum Typ Gemeinde kann auf die Gemeindesoziologie nicht verzichtet werden. Sie ist für die kommunalpolitische Reflexion geradezu notwendig. Allerdings ist sie nur dann fruchtbar, wenn sich sich nicht gegenüber anderen Erkenntnisgesichtspunkten abgrenzt.

Die der Gemeinde durch die Gesetze belassenen Ermessensspielräume und ihre damit einhergehenden politischen Entscheidungen werden im Rahmen der sozialen Bedingungen wahrgenommen.

Die Gemeinde als unterste Ebene der Darstellung des Staates und somit der Erfahrung des Bürgers mit ihm und seinem Handeln wird durch dieses Handeln in ihrer sozialen Struktur bestimmt, wie auch diese Struktur die Handlungsspielräume definiert. — Eine mittel- und unterschichtig strukturierte Gemeinde ohne Industrieansiedlung entfaltet andere Wirkungsmöglichkeiten und gerät in andere Abhängigkeiten als etwa eine Stadt mit starker sozialer Mischung und breiter Fächerung der Tätigkeitsbereiche zwischen Produktion und Konsum.

Für die Realisierungsweise des gesetzlichen Auftrags ist bei der Gemeinde ihre Investitionskraft entscheidend. Davon hängt ab, wie attraktiv sie ist und davon wieder, ob es für sie überhaupt eine Entwicklung der Investitionskraft geben kann.

Die Gemeinde ist die Identitätsstelle zwischen Staat und Bürger. Ihr ist zwar Selbstverwaltung garantiert (Art. 28 GG), aber ihre Tätigkeit geschieht im Rahmen der Gesetze. Damit wird die ihr eigene Verantwortung funktional begrenzt.

„Diese institutionelle Garantie hindert die Bundes- und Landesgesetzgebung, die gesetzlich umschriebene Zuständigkeit der Gemeinden und Kreise, ihre eigenen Angelegenheiten in eigener Verantwortung selbst zu regeln, ganz zu beseitigen oder auch nur soweit einzuschränken, daß die kommunale Selbstverwaltung die Gelegenheit zu kraftvoller Betätigung verliert und innerlich ausgehöhlt wird. Neben einem gewissen Bestand an sachlichen Aufgaben sind die Finanz- und Personalhoheit der Kommunen zum geschützten Bereich der Selbstverwaltung zu rechnen. Die Gemeinden und Kreise können die Verfassungsgarantie ihrer Selbstverwaltung gegen Beeinträchtigungen durch Bundes- oder Landesgesetz mit Verfassungsbeschwerde zum Bundesverfassungsgericht verteidigen, bei Landesgesetzen jedoch nur, soweit nicht Beschwerde beim Landesverfassungsgericht erhoben werden kann (Artikel 93 Abs. 1 Nr. 4 b GG; § 91 BVerfGG). Das Grundgesetz schreibt ferner zwingend vor, daß das Volk in den Kreisen und Gemeinden eine Vertretung haben muß, die aus allgemeinen, unmittelbaren, freien, gleichen und geheimen Wahlen hervorgegangen ist; in Gemeinden kann an die Stelle einer gewählten Körperschaft die Gemeindeversammlung treten (Artikel 28 Abs. 1 Sätze 2 und 3 GG).
Die Anpassung der Organisation der kommunalen Selbstverwaltung an die wirtschaftlichen und technologischen Veränderungen und an die zunehmenden Anforderungen der sozialstaatlichen Verantwortung ist eine Hauptaufgabe der gegenwärtig in allen Bundesländern vorangetriebenen Gebiets- und Verwaltungsreform. Die verfassungsrechtliche Selbstverwaltungsgarantie sichert zwar nicht den Bestand

einzelner kommunaler Gebietskörperschaften, gewährleistet aber das Strukturprinzip der kommunalen Selbstverwaltung und verpflichtet den Staat zu einer rechtzeitigen und umfassenden Anhörung der betroffenen Gemeinden und Kreise" (Bericht zur Lage der Nation, 1972, 56).

Der *eigentümliche Wirkungskreis* der Gemeinde, im Rahmen der geltenden Gesetze, beinhaltet die *Erstellung von Einrichtungen* und den *Erlaß von Satzungen* für:
— öffentliche Sicherheit und Ordnung
— Feuersicherheit
— öffentliche Sauberkeit
— öffentlichen Verkehr
— Gesundheitswesen
— öffentliche Fürsorge und Wohlfahrtspflege
— öffentlicher Unterricht und Erwachsenenbildung
— Sport und Jugendertüchtigung
— Kultur- und Archivpflege.

Faßt man diese Bereiche zusammen, so läßt sich der Tätigkeitsbereich der Gemeinde auch unschwer — in Abwandlung einer Staatsbestimmung durch den Verwaltungsrechtler E. Forsthoff — als bürgernahe Daseinsvorsorge bestimmen.

Gemeindliche Tätigkeit ist bürgernahe Daseinsvorsorge des Staates. Dies schlägt sich nieder in ihrer Bindung an die Gesetze des Staates und ihrem damit zusammenhängenden Charakter als Instrument staatlicher Aufgaben, der Unterordnung unter die Weisung des Staates und der Ausübung von staatlicher Auftragsverwaltung und dem dazu legalisierten staatlichen Aufsichtsrecht.

Dem Systemgedanken der bundesrepublikanischen Verfassung nach läßt sich jedoch gegen diese Reduktion der Gemeindefunktion ein Bedenken vorbringen. Die institutionell nicht gewährleistete Mitwirkung der Gemeinden an der Gesetzgebung läßt sie zu Ausführungsorganen herabsinken. Dies ist jedoch nicht verwunderlich, da sie ja als Selbstverwaltungsorgane und nicht als selbstregierende (selfgovernment) Einrichtungen definiert sind.

Selbstverwaltung heißt jene verwaltende Tätigkeit, die im Gesamtrahmen staatlichen Verwaltungshandelns von den durch Verwaltung Betroffenen oder durch solche, die zu ihnen in Beziehung stehen, im Auftrage des Staates nach allgemeinen Verwaltungsregeln durchgeführt wird. „Sie ist Wahrnehmung der Gemeinschaftsaufgaben eines Verbandes Gleichberechtigter durch auf Zeit gewählte Amtsträger" (Fischer Lexikon: Staat und Politik, 1962, 268). Im zentralstaatlichen System dient sie zur Steigerung der Identifizierung des Bürgers, der am Verwaltungshandeln des Staates teilnimmt oder ihm in seiner Tätigkeit ‚zuschaut', mit dem Staat. Selbstregierung (selfgovernment) bedeutet ein Handeln aus eigener Souveränität. Die Identität zwischen Regierten und Regierenden stellt den Legitimationshintergrund dar. Die Bürger der Gemeinde handeln gemeinsam oder über ihre repräsentativen Institutionen selbstverantwortlich und nicht im Rahmen einer Weisung oder von Aufsichtsinstanzen. Diese Konzeption der Unabhängigkeit verlangt jedoch auch die Übernahme der Kosten des eigenen Handelns.

Die Unterscheidung beider Begriffe wird an den Erfahrungen und den Diskussionen dazu deutlich. Das Selfgovernment-System der amerikanischen Städte führt nicht nur zu unterschiedlichen Formen der Lebensqualität, sondern auch zu ungemilderter Konkurrenz untereinander. Ein staatlich gewährleisteter Finanzausgleich etwa besteht nicht. Der Fall New York macht das deutlich. Das Handeln auf eigene Verantwortung — und das heißt Aufrechterhaltung der Zahlungsfähigkeit — begünstigt Regionen mit Gunstlage und verhindert eine Verbesserung infrastruktureller Bedingungen in unterentwickelten Regionen. Es führt außerdem zu ständigen Arrondierungen und damit unvergleichlichem Anwachsen des Territorismus (Los Angeles). Probleme der städtischen Polizeihoheit treten hinzu. Außerdem entsteht ein Vorrecht derjenigen, die die Kosten des politischen Handelns übernehmen. Die Slum-Bildung ist damit nicht zufällig.

Das Anwachsen der Territorien und der Unterschiede in der städtischen Struktur führt zu stadtteilorientiertem Separatismus (Citizens for Local Democracy). Es geht dabei um die „Zerschlagung der administrativ-politischen Einheiten der Großstädte und Aufteilung in eine Vielzahl kleiner kooperierender Republiken", die „unter anderem über ihre Schulen, ihr Gesundheitswesen, den öffentlichen Wohnungsbau, Bebauungspläne, Erholungsgebiete, Krankenhäuser usw. entscheiden. In ihnen wären die öffentlichen Einrichtungen, ein Park, Cafés und andere Hilfen konzentriert. Dieses Stadtzentrum ist eine unabdingbare Bedingung für eine sich selbst regierende Gemeinschaft" (N. W. Polsby: Community Power an Theory, New Haven, 3. Aufl. 1966, 10; zitiert nach: R. Zoll: Gemeinde als Alibi).

Auf die gesetzliche Bindung kann nicht deutlich genug verwiesen werden. Denn sie bedeutet, daß die Gemeinden nicht in jedem Fall Adressat des Widerspruchs sein können. Schon gar nicht sind sie das geeignete Subjekt einer im rechtsstaatlichen Rahmen betriebenen gesellschaftlichen Veränderung. Zu glauben, es sei anders, ist nicht nur ein Fehler aktiver Bürger, sondern auch von Politikern, die dem Bürger eine Veränderung des gesellschaftlichen Zustandes über diesen Weg andienen.

Die Gemeinde hat keine Gesetzeshoheit.

Sie ist für alle Fragen, die Gesetzänderungen verlangen, nicht zuständig, Zuständigkeit selbst aber − oder auch Nicht-Zuständigkeit − ist ein wesentliches legalistisches Argument für ein Gesellschaftswesen, das an der Unpersönlichkeit von Verfahren orientiert ist. Die Zuständigkeit zu beachten ist für jeden Bürger von unmittelbarem Belang, da er ansonsten Rechte verwirkt. Diese sind nur bedingt protestierend erwerbbar − allerhöchstens wird Gnade gewährt oder, was ebenso willkürlich ist: aus Gründen der Befriedung werden Kompromisse angeboten, die jedoch schwerlich mit Recht gleichgesetzt werden können und einem rechtsstaatlichen Gemeinwesen nicht zu entsprechen brauchen, zumal sie den Geruch an sich tragen können als Ergebnis von öffentlich hergestelltem Druck Ergebnis einer Nötigung zu sein.

Abgesehen davon, daß die Gemeinden in das Rechtssystem des Bundes und der Länder eingebunden sind und somit ihr Handlungsrahmen weitgehend fremdbestimmt ist, findet die Gemeinde auf dem ihr zugewiesenen Felde Länder und Bund gleichermaßen tätig, ohne daß dafür die gesetzmäßige Zuständigkeit den Ausschlag gibt. Bereiche der Daseinsvorsorge, wie Wohnungsbau, Straßenbau aber auch die Sozialfürsorge werden von Bund und Ländern auch auf dem Gebiet der Gemeinde wahrgenommen.

Die eigenständige Ermessenshandlungen der Gemeinden, die sich an den geltenden Gesetzesrahmen halten, schrumpfen gegenüber den gesetzlich verordneten gemeindlichen Pflichtaufgaben.

So stellt sich die Gemeinde weniger als ein eigenständiges Gebilde dar, denn als ein Instrument staatlicher Aufgaben; ganz im Sinne der Stein-Hardenbergschen-Reformen, die die Gemeinde als das bürgernahe Handlungsorgan des Staates betrachten, durch dessen Beobachtung der Bürger ein Verhältnis zum ansonsten abstrakten Staat gewinnen sollte.

Für die Definition der Gemeinde und ihrer Tätigkeitsbereiche sind die Gemeindeordnungen maßgeblich, die jedoch selbst wieder der Gesetzgebungskompetenz der Länder unterstehen.

Angesichts solcher Abhängigkeiten werden Bestimmungen wie die folgende aus der Gemeindeordnung von Nordrhein-Westfalen zu einer *staatsverdrießenden Farce:*

„Die Verwaltung der Gemeinden wird ausschließlich durch den Willen der Bürgerschaft bestimmt. Die Bürgerschaft wird durch den Rat vertreten" (§ 7 GO, NW).

Das Verdießliche an dieser Bestimmung ist nicht ihre gute Absicht, sondern daß ihr in der Wirklichkeit nur wenig entspricht. Dagegen hilft die Einsicht wenig, daß ihr auch nur wenig entsprechen kann, vielmehr ist es der Leerformelcharakter dieser Bestimmung, der zur Staatsverdrossenheit beizutragen vermag.

Als unterste Ebene staatlicher Wirksamkeit üben die Gemeinden Auftragsverwaltung aus. Für die daraus folgende materielle Belastung ist in der Regelung, die die Übertragung von Aufgaben vorsieht, die Aufbringung der Mittel zu regeln.

Für die gemeindlichen Eigenaufgaben stehen der Gemeinde eigene Einnahmequellen zur Verfügung. Sie besitzen für festgelegte Steuerarten eine eigene Steuerhoheit.

Einnahmequellen der Gemeinden:
— Grundsteuer
— Gewerbesteuer (einschließlich Lohnsummen-Steuer)
— Zuschläge zur Grunderwerbsteuer
— Schankerlaubnissteuer
— Getränkesteuer
— Vergnügungssteuer
— Hundesteuer
— Sonstige Gemeindesteuern und Abgaben (etwa Feuerschutzabgaben) und Gebühren.

Gerade die Möglichkeit der selbständigen Steuer- und Abgabenfestsetzung bei mangelnder Finanzierung durch Bund und Land ist häufig Ursache gemeindlicher Misere. Die Gemeinden treten aus *steuerlichen Gründen* untereinander in *Konkurrenz*, die oft *nachteilige Wirkungen* hat:
— Einmal verändern sie aus Gründen der Steigerung ihrer Attraktivität ihre Infrastruktur und zerstören damit ihre historische Identität.
— Zum anderen verschulden sie sich durch diese Aufwendungen.
— Zum Dritten amortisieren sich die öffentlichen Investitionen in geringerem Maße als erwartet, so daß die Gemeinden — wie die übrige öffentliche Hand auf lange Frist auch — durch den Schuldendienst in der Entscheidungsfreiheit beeinträchtigt ist.

Der Spiegel (10/72) berichtet über eine Reihe von Steuervergünstigungen und Subventionen, die Gemeinden Investoren anboten, in der Hoffnung, daß dadurch die Einnahmen aus anderen Steuerarten so anstiegen, daß die Gemeinde einen größeren Spielraum gewänne. Es stellt sich jedoch heraus, daß zwischen den gemeindlichen Maßnahmen und den zu erhoffenden Gewinnen zehn bis dreißig Jahre liegen können, die, wie beim Hamburger Alluminiumwerk demonstriert, nicht einmal verstreichen müssen, um klar zu machen, daß die gemeindlichen Leistungen nicht die erhofften Gewinne werden bringen können.

Für die Aufgaben, die die Gemeinden zum Teil im Rahmen ihrer Eigentätigkeit mit eigenen Mitteln und über den Finanzausgleich erfüllen und die sie als gemeindliche Pflichtaufgabe für den Staat wahrnehmen, hat *Ellwein* eine *Rangordnung* ermittelt:

1. Technische Versorgung der Bevölkerung (bedürfnisangemessene Angebotsregelung).

2. Kulturelle Tätigkeit der Gemeinden.

3. Soziale Leistungen und Aufgaben im umfassenden Sinn.

4. Gemeindliche Bautätigkeit (Erstellung von Einrichtungen für 1.–3., Straßenbau, Förderung des Wohnungsbaus, Stadt- und Verkehrsplanung).

1.2 Sonderformen und Zwischeninstanzen

Die bisherige Beschreibung der Gemeinde trifft im wesentlichen auf die kreisunabhängigen Städte zu. Kreisabhängige Gemeinden gehören dem Zwangsverband des Kreises aufgrund ihrer geringen Größe an. Hier tritt der Kreis an die Stelle der Gemeinde. Er ist gleichzeitig Selbstverwaltungsorgan und untere Instanz der staatlichen Wirksamkeit (untere staatliche Verwaltungsbehörde).

Die Kreise trifft „die bundes- oder landesrechtlich festgelegte Hauptpflicht, die verschiedensten Aufgaben der gesetzesvollziehenden, eingreifenden und ordnenden Verwaltung durchzuführen. Das sind insbesondere: Straßenverkehr, Lastenausgleich, Kriegsopferfürsorge, Sozialhilfe, Jugendhilfe, Ordnungsverwaltung, zivile Verteidigung und in einigen Ländern auch Gesundheitsverwaltung, Veterinärverwaltung und Katasterverwaltung. Hier ist nur ausnahmsweise eine Zuständigkeit der gemeindlichen Ebene unterhalb der Kreise vorgesehen. Diese Aufgaben sind wegen des notwendigen Einsatzes qualifizierter und spezialisierter Dienstkräfte und wegen der heute unausweichlichen Verwendung hochwertiger verwaltungstechnischer Hilfsmittel auch nur in Gebieten zu erledigen, in denen eine größere Zahl von Einwohnern betreut werden muß" (Material zur Reform der Landkreise, Einführung und Zusammenstellung: Franz Schuster (Hrsg.): Politische Akademie, Eichholz 1971, 17).

Über den zuständigen Regierungspräsidenten als Zwischeninstanz ist der Kreis, wie die kreisfreie Stadt, mit der Landesverwaltung hierarchisch verbunden.

„In den meisten Ländern sind Regierungsbezirke als Mittelinstanz eingerichtet. Bei den Kreisen und bei den Regierungsbezirken läuft die in den Ministerien nach Ressortgesichtspunkten geordnete Verwaltung in einheitlichen Behörden zusammen. Es läßt sich dadurch zu einseitiges Fachdenken aufeinander abstimmen und ausgleichen. Diese ‚bündelungsfunktion' wird in Schleswig-Holstein und dem Saarland sogar allein von den Kreisen erfüllt" (Material zur Reform der Landkreise, a. a. O., 17).

Eine Sonderform im System der Gemeinde stellen die Ämter dar, die durch die Gemeindegebietsreform im Verschwinden begriffen sind. Sie sind Zusammenfassungen von Ortschaften, die verwaltungsmäßig keine Gemeindetätigkeit wahrnehmen können, zu Verwaltungseinheiten mit Gemeindequalität.

1.3 Strukturprobleme

Zu den Strukturproblemen der Selbstverwaltungseinrichtungen gehört nicht nur die Schwierigkeit, die finanziellen Lasten ihrer Eigentätigkeit und der Auftragshandlungen bewältigen zu müssen, sondern ebenso die tatsächliche Steigerung an Macht auf seiten der Verwaltung. Zwar ist durch die Gemeindeordnung normiert, daß die Verwaltung der Gemeinden ausschließlich durch den Willen der Bürger bestimmt wird, jedoch verschiebt sich die Regelsituation gegenüber der Norm zu ungunsten der Bürgerschaft.
— Die Planungsübersicht liegt genauso bei der Verwaltung wie deren Vorbereitung, so daß allein schon durch die Abhängigkeit der Gemeinderäte von den Vorlagen der Verwaltung eine Dominanz der Verwaltung gegeben ist.

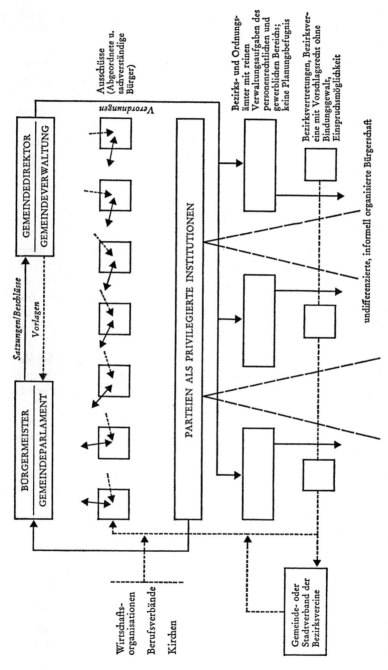

Abbildung 3: Innere Gliederung der Gemeinde

The following labels appear within the figure:

BÜRGERMEISTER — GEMEINDEPARLAMENT

GEMEINDEDIREKTOR — GEMEINDEVERWALTUNG

Satzungen/Beschlüsse

Vorlagen

Verordnungen

Ausschüsse (Abgeordnete u. sachverständige Bürger)

Bezirks- und Ordnungsämter mit reinen Verwaltungsaufgaben des personenrechtlichen und gewerblichen Bereichs; keine Planungsbefugnis

Bezirksvertretungen, Bezirksvereine mit Vorschlagsrecht ohne Bindungsgewalt, Einspruchsmöglichkeit

undifferenzierte, informell organisierte Bürgerschaft

PARTEIEN ALS PRIVILEGIERTE INSTITUTIONEN

Wirtschaftsorganisationen

Berufsverbände

Kirchen

Gemeinde- oder Stadtverband der Bezirksvereine

— Die Verwaltungseinheit Gemeinde nimmt flächenmäßig eine Größe an, die sie unüberschaubar werden läßt.

— Den Abgeordneten der einzelnen kommunalen Wahlbezirke, mit der relativen Interessen- und Kenntnisbindung an den Bezirk, steht eine Verwaltung gegenüber, die schon durch die formalisierenden Verfahren ihres Vorgehens eine Einheit darzustellen vermag, die den Anschein für sich trägt als handele sie eh und je für das Ganze, während sich der Abgeordnete auf ein Partikulares festgelegt findet.

— Außerdem ist parlametarische Entscheidungs- und Kontrollinstanz in Fraktionen aufgesplittert, während dem Verwaltungsprinzip Einheitlichkeit entspricht.

Die Organisation der Bürger ist stark dezentralisiert und in vielfältige informelle Gruppen gegliedert, während die administrativen Bereiche einen hohen Grad an Formalheit besitzen und zugleich zentral organisiert sind (vgl. Abb. 3).

Für das politische Problem der Organisation von Mehrheitsverhältnissen bedeutet das einen Vorteil für diejenigen, die an politischer Macht interessiert sind und in die Lage kommen, sich des formellen Apparats der Verwaltung bedienen zu können. Das schließt ein, daß dabei die informelle Gliederung der Bürger vernachlässigt werden kann. Die Desorientierung informeller Gruppen wirkt geradezu vorteilhaft für die Organisation von Mehrheiten.

Das oft seltsam anmutende Verhalten der Repräsentativorgane bei der Verteidigung erworbener Macht — die Weigerung die Sessel zu räumen, bei Fehlern zurückzutreten — ist durch diesen Zusammenhang, daß dann auch alle Machtmittel und damit jeder Einfluß verloren gehen, mitbegründet. Dieses Problem ist organunabhängig. Jedoch wird es im Gemeindesektor am ehesten deutlich, weil hier der *Widerspruch* zwischen der *Norm*:

Die Verwaltung der Gemeinden wird ausschließlich durch den Willen der Bürgerschaft bestimmt,

und der *Verselbständigungstendenzen* von Administration und Verwaltung unmittelbar erfahren werden kann.

1.4 Einordnung der Gemeinden

Über die Gesetze wirken Bund und Länder auf die Gemeinden ein, indem sie deren Aufgaben definieren oder aber Gesetze erlassen, die im Rahmen der Auftragsverhaltung durch die Gemeinden realisiert werden. Sofern sie die Gemeinden betreffen, bedürfen die Gesetze der Zustimmungen durch die Länder, die, da der Bund kein kommunalpolitisches Mandat besitzt, eine Funktionssperre für den Bund darstellten.

Die Länder sind für die Gemeinden die staatliche Oberinstanz.

Die Bündelung des Auftrags- und Kontrollsystems gegenüber den Gemeindeorganen — die Kreise sind zu diesen zu rechnen — geschieht über Mittelinstanzen: die Regierungspräsidien. Von dort geht der Wille der Verwaltung entweder direkt auf die kreisfreien Städte über oder er hat die Kreisverwaltung als unterste staatliche Verwaltungsinstanz zum Adressaten (vgl. Abb. 4).

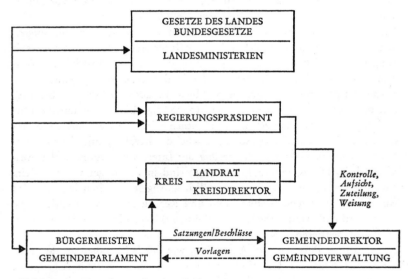

Abbildung 4: Einordnung der Gemeinde

Im hierarchischen System der Verwaltung ist der Gemeinde- oder Stadtdirektor dem Oberkreisdirektor und seiner Verwaltung nachgeordnet. Während der Oberkreisdirektor die laufenden Geschäfte der Kommunalverwaltung in eigener Zuständigkeit erledigt, die staatlichen Auftragsangelegenheiten ausführt und die Kommunalaufsicht über die Ortsbehörden ausübt, erledigen diese ihre eigenen Selbstverwaltungsaufgaben, sofern sie nicht dem Kreis übertragen sind und führen Staatsauftragsangelegenheiten als übertragenen Wirkungskreis aus.
Dieses der Gemeinde übergeordnete Gefüge wirkt auf deren Entscheidungen ein. Zudem besteht ihrerseits meist noch Mitgliedschaft in Zweck-

verbänden, deren Mitgliedschaft frei oder verpflichtend sein kann. Sie werden aber auf jeden Fall durch die Zwecksetzung des Verbandes gebunden.

Auf der Ebene der Gemeinde stehen Gemeindeparlament und Gemeindeverwaltung in direkter Wechselbeziehung. Die ordnungsgemäße Kommunalverwaltung etwa schließt die Finanzverwaltung ein. Andererseits besitzt das Gemeindeparlament das Etatrecht für den Kommunalhaushalt. Hier besteht also ein Zwang zur Zusammenarbeit, in die zudem noch die laufenden Geschäfte und deren Finanzbedarf eingreifen. Die Beschneidung des Etatrechts durch die laufenden Kosten, etwa der Kredittilgung, wird gegenwärtig sichtbar und dürfte bei anwachsendem Schuldendienst so zunehmen, daß das Etatrecht auf die Entscheidung über vorrangige oder nachrangige Schuldentilgung hinausläuft.

Dem Gemeindeparlament zugeordnet sind Ausschüsse (vgl. im folgenden Abb. 3). Sowie über die Fraktionen Interessengruppen auf Entscheidungen einzuwirken versuchen, geschieht das auch in Ausschüssen. Ausschüsse des Gemeindeparlaments stellen in der Regel eine gegenüber dem Kommunalparlament verbreitetere Ebene bürgerschaftlicher Selbsttätigkeit dadurch dar, daß in ihnen „sachverständige Bürger" − um die Mitwirkung von Gastarbeitern zu ermöglichen wird die Regelung „sachverständiger Einwohner" vorgeschlagen − bei der Beratung mitwirken. Diese Kombination bewirkt eine Steigerung der Interessenfaktoren in der Ausschußarbeit. Die Kommunalparlamente sind in der Regel viel zu klein, um in jedem einzelnen, die gemeindlichen Angelegenheiten betreffenden Ausschüssen genügend Sachverstand und Realitätsnähe repräsentieren zu können, so daß parteinahe sachverständige Bürger dieses Defizit im Ausschuß kompensieren.

Auf und über Parteien und Ausschüsse, wie durch Eingaben an den Bürgermeister oder die Gemeindeverwaltung wirken Wirtschaftsgruppen, Verbände und gegebenenfalls auch Bekenntnisse auf den institutionellen Willensbildungs- und Entscheidungsprozeß ein.

Je nach Größe der Gemeinde ist die Verwaltung noch einmal dezentralisiert in den Bezirks- und Ordnungsämtern. Hier werden reine Verwaltungsaufgaben wahrgenommen. Vielfach sind sie reine Sammelstellen für die zentrale Bearbeitung. Sie dienen damit einer Verwaltung der kurzen Wege − nicht jedoch unbedingt der kurzen Zeit. Diesen Ämtern obliegt keine Planungsbefugnis. Jedoch kann auf der Ebene der Bezirksämter eine bürgerschaftliche Organisation existieren: die Bezirksvertretung. Im Rahmen des kommunalen Neugliederungsgesetzes sind Bezirksvertretungen für bestimmte Gemeindegrößen vorgeschrieben. Sie gehen nach einem Schlüssel aus den Gemeindewahlen hervor. Ihre Befugnisse beschränken sich weitgehend auf Vorschlagsrechte ohne bindende Kraft. Neben die Bezirksvertretungen können Bürger- und Bezirksvereine treten. Diese liegen ganz in der Hand der Bürger, die sich dazu vereinigen. Die Zusammenarbeit mit administrativen Organen ist informeller Art, obgleich es sich für Kandidaten zur Kommunalwahl von vornherein empfiehlt, an der Tätigkeit der Vereine mitzuwirken. Oft gehen die Abgeordneten der Kommunalparlamente aus diesen Vereinen hervor. Je nach dem Grad der Organisiertheit haben sich die Bezirksvereine in Gemeinde- oder Stadtverbände zusammengetan und bilden somit eine zentrale außerparlametarische Organisation zur Formulierung des Bürgerwillens, der ansonsten dem Organisationsgefüge und damit der Effektivität von Parteien des Parlaments und der Informationsvorherrschaft der Verwaltung undifferenziert gegenüberstände. Hier liegt überhaupt das Problem der Basisdemokratie, daß in ihr der politische Wille undifferenziert erscheint und damit jederzeit okkupierbar ist durch diejenigen, die in der Lage sind, einen undifferenzierten Willen zum politisch allgemeinen zu erklären und zu verwirklichen. In diesem Sachverhalt ist auch die Schwäche ausgedrückt, die eine schweigende, nichttätige und unorganisierte Mehrheit kennzeichnet gegenüber organisierten Minderheiten und sei es die Spitze einer Verwaltung, die das allgemeine Wohl im Auge hat, aber eben in ihrem Verstande.

Literatur

Theodor Pfizer: Kommunalpolitik. Praxis der Selbstverwaltung, Kohlhammer, Stuttgart 1973, 151 Seiten.

Die Veröffentlichung zur Kommunalpolitik kann als Grundlagentext bezeichnet werden, der informierend in die Hauptfragen der Kommunalpolitik einführt.

Heinz Rausch, Theo Stammen (Hrsg.): Aspekte und Probleme der Kommunalpolitik, Verlag Ernst Vögel, München 1973, 323 Seiten.

Diese Aufsatzsammlung führt in Probleme der Gemeindepolitik ein. Die Erörterungen streuen über einen breiten Handlungsbereich der Kommunalpolitik und beziehen unterschiedliche Erfahrungen in den Bundesländern mit ein. Die Autoren stehen in unterschiedlichem Maße den beiden großen Parteigruppierungen in der Bundesrepublik Deutschland nahe.

Ralf Zoll: Gemeinde als Alibi, Materialien zur politischen Soziologie der Gemeinde, Juventa, München 1972, 276 Seiten.

Dieses Kompendium führt in den Forschungszusammenhang der politischen Gemeindesoziologie ein. Es ist im Rahmen der von Ellwein und Zoll herausgegebenen Untersuchungen zum politischen Verhalten erschienen. Für eine differenzierte Kenntnis der Gemeindesoziologie, ihrer politischen Implikationen und der politischen Folgen ihrer Theorie ist die Lektüre fast unabdingbar. Allerdings ist der umfangreichste Teil der Texte der amerikanischen Literatur entnommen.

Aschenbrenner/Kappe: Großstadt und Dorf als Typen der Gemeinde. Struktur und Wandel der Gesellschaft, Reihe B der Beiträge zur Sozialkunde, Heft 5, Leske, Opladen.

Die Reihe ist sehr instruktiv und beschreibt soziologisch gesellschaftliche Zusammenhänge. Die Informationen über die Gemeinde enthalten Hinweise auf die zukünftigen Entwicklungsprobleme, das Verhältnis von Stadt und Land und den Einfluß von Parteien und Machtgruppen in der Kommune. Da zu dieser Reihe auch Lehrbeispiele bezogen werden können, stellt sie eine Hilfe für die Unterrichtsvorbereitung dar.

2. Länder und Bund

2.1 Länder-Bund-System

Auch wenn es nicht mehr offensichtlich ist: Die Länder der Bundesrepublik sind Staaten. Historisch gesehen besitzen sie vor dem Bund Souveränität, auch wenn diese nur aus dem Willen der Alliierten abgeleitet war und der Gebrauch ihrer Kontrolle unterlag. Die Souveränität war von Anfang an beschränkt und die Partizipation an einer deutschen Regierung geradezu verpflichtend. Dies kommt schon im Herbst 1946 in einer Erklärung des stellvertretenden amerikanischen Militärgouverneurs zum Ausdruck. In einem Brief an den Präsidenten der Bayerischen Verfassunggebenden Landesversammlung weist er darauf hin, „daß die Militärregierung mit der Genehmigung der Verfassung in keiner Weise ihre Zustimmung zu einem Separatismus Bayerns oder eines anderen deutschen Staates erteilt ... In gleicher Weise muß der Wille, einem zukünftigen deutschen Bundesstaat beizutreten, als eine Anweisung an die Vertreter Bayerns ausgelegt werden, die später an den Beratungen über die zukünftige deutsche Regierung teilnehmen werden, aber nicht als ein Recht, die Teilnahme an irgendeiner Form der deutschen Regierung zu verweigern, ganz gleich, ob sie als Zwischenlösung von den alliierten Behörden oder in Form einer beständigen Regierung vom deutschen Volk in seiner Gesamtheit errichtet wurde" (Deutscher Wortlaut: Bayerische Staatskanzlei (Hrsg.): Dokumente zum Aufbau des bayerischen Staates, München 1948, 66 f.; zitiert nach E. Deuerlein: Föderalismus, 233).

Auch der Bund besaß bis zum Deutschlandvertrag, der am 5./6. Mai 1955 in Kraft trat, nur abgeleitete Befugnisse der westlichen Alliierten. Das Souveränitätsproblem bei der Gründung eines Bundesstaates oder eines Staatenbundes konnte somit nicht unmittelbar in Erscheinung treten.

Klassische Legitimierungsverfahren begnügen sich in keinem Fall mit dem Verweis auf die jeweilige Faktizität. Bestehende Rechte können auch unrechtmäßig erworben sein. Sie sind damit fragwürdig. Außerdem ist politische Praxis in der Regel nicht nur machtorientiertes Handeln, sonder auch Handeln zum Zweck der Lösung von Problemen und der Stabilisierung. Selbst, wenn Politik rein funktional betrachtet und betrieben wird, kann sie der historischen Reflexion nicht entraten, da die geschichtliche Erfahrung häufig den Zusammenhang der Entscheidung konstituiert – zumindest im negativen Verstande eines Vermeidungsdenkens und Handelns. So entfaltet sich die Verfassung der Bundesrepublik Deutschland entsprechend der Absicht, die defizitären Bedingungen der Weimarer Republik zu vermeiden, wobei Elemente früherer Verfassungsentwürfe und Diskussionen einbezogen werden. Um die Reichweite und Bedeutung der heutigen Gesellschaftsformation und Verfassung der Bundesrepublik Deutschland zu verstehen, ist eine geschichtliche Erläuterung notwendig.

Die Argumentation über die Organisationsform der BRD greift bis auf 1866 (Norddeutscher Bund) und 1871 (Reichsgründung) zurück. Damals entstand das Deutsche Reich als kleindeutsche Lösung, nachdem 1806 das Heilige Römische Reich deutscher Nation durch Verzicht des österreichischen Kaisers auf die Kaiserkrone erloschen war. Aus der damals gefundenen bundesstaatlichen Organisation, die die erste Föderation monarchischer Staaten überhaupt darstellte und deren Variation in der Weimarer Verfassung sowie die Erfahrungen mit deren Praxis, leitet sich die Kontinuitätsthese der Verfassungsinterpretation der BRD ab.

Gegenüber der Verfassung des Deutschen Reiches von 1871 organisierte sich das Deutsche Reich in der Weimarer Verfassung als dezentralisierter Einheitsstaat. Der ehemalige Bundesrat verliert seine zentrale Stelle in der Reichspolitik. Ein Grund dafür ist nicht nur die Schwächung durch den Ersten Weltkrieg, sondern die Notwendigkeit einer vereinheitlichenden Gesetzgebung und Verwaltung. Sie war begründet durch die Auflösung des monarchischen Prinzips in den das Reich bildenden Territorien. Zudem forderten die neuen technologischen Entwicklungen des Verkehrswesens genauso ein einheitliches Prinzip technischer Ausführung wie eine einheitliche finanzielle Gewährleistung. Daraus resultierte die Forderung nach einem einheitlichen Steuer- und Finanzrecht. Unumgänglich wird die Einheitskonzeption auch aufgrund der großen politischen und finanziellen Belastungen als Folge des Ersten Weltkrieges.

Entsprechend der damaligen Lage stellt sich die Frage des Finanzausgleichs als Hauptproblem heraus. Seine Einführung durch das Ministerium Luther bedeutet eine gelungene Lösung. Jedoch führt der Finanzausgleich auch dazu, daß streng föderalistische Elemente dazu neigen, separatistische Tendenzen zu entwickeln und vor allem den Zustand zu ändern suchten, daß die Länder Kostgänger des Reiches waren.

Hinsichtlich der Kontinuitätsthese, nach der die Bundesrepublik Rechtsnachfolgerin des Deutschen Reiches sei und dessen Ordnung quasi bruchlos, zumindest in der rechtlichen Substanz nicht zerstört auf die BRD übergegangen sei, gibt es einige Schwierigkeiten.

Abgesehen davon, daß die Souveränität über Deutschland — und auch über Westdeutschland — von den Alliierten ausgeübt wurde, und Entscheidungen über das Terrritorium Deutschlands fielen, die auch einer zukünftigen Friedensregelung wohl kaum zur Disposition stehen dürften, waren schon unter deutscher Herrschaft Bedingungen entstanden, die ein bruchloses Anknüpfen an verfassungsrechtliche Kategorien und deren Umsetzung wohl kaum ermöglichten.

Bei der Betrachtung der *föderalistischen Elemente* des *Deutschen Reiches* sollten drei Tatbestände nicht übersehen werden:

— Die Vorrangstellung eines Landes, nämlich Preußens, im Reich von 1871.
— Der Staatsstreich in Preußen vom 20. Juli 1932: v. Papen setzt die Regierung Braun-Severing ab und wird selbst Reichskommissar für Preußen; dadurch Identität zwischen dem Amt des Deutschen Reichskanzlers und der Führung Preußens.
— Zerstörung des föderalistischen Systems der Länder durch das „Gesetz über den Neuaufbau des Reiches" vom 30. Januar 1934: Umformung zum zentralistischen Einheitsstaat.

Die in einigen Darstellungen den Alliierten angelastete Vernichtung Preußens durch das Kontrollratsgesetz Nr. 46 vom 5. Februar 1947 löste einerseits staatsrechtliche Probleme, die aus dem Gegensatz zwischen Preußen und dem Reich in früheren Zeiten bestanden hatten, andererseits sanktionierte es die Länderneubildung auf dem Gebiet Preußens. Mit einem föderalistischen Problem — erst recht mit dessen Zerstörung — hat dieses Gesetz nichts zu tun. Tatsächlich war der Föderalismus unter Zustimmung des Reichsrats, der Vertreter der Länder im Sinne der Weimarer Verfassung, zum Gesetz von 1934 zerstört worden.

Durch die Reichsreform wurde das föderative Element des dezentralisierten Einheitsstaates der Weimarer Republik de jure wie de facto aufgelöst. Artikel 79 (3) GG reagiert auf diese unter Mitwirkung der Länder zustande gekommene *Zerstörung* des *föderativen Prinzips.* Es bestimmt:

„(3) Eine Änderung dieses Grundgesetzes, durch welche die Gliederung des Bundes in Länder, die grundsätzliche Mitwirkung der Länder bei der Gesetzgebung oder die in den Artikeln 1 und 20 niedergelegten Grundsätze berührt werden, ist unzulässig."

Das GG schließt eine Neugliederung des Bundesgebietes nicht aus. Ausgeschlossen jedoch ist der Verzicht auf das Länderprinzip.

Im Anschluß an die Untersuchungen Deuerleins zum Föderalismusproblem ist darauf hinzuweisen, daß bei der Gründung der Länder das föderalistische Prinzip keineswegs im Vordergrund gestanden hat. Durch die Londoner Protokolle von 1944 und die darin vorgenommene Festlegung der Besatzungszonen waren die ehemaligen Länder — nach dem Gesetz von 1934 zu Verwaltungseinheiten degradierte Länder des Reiches — willkürlich zerrissen. Die Länderorganisation durch die Alliierten verstärkte die Probleme.

Bei der Ländergründung spielten volkstumsbezogene Aspekte, wie sie in der Neugliederungsdebatte und den dazu durchgeführten Volksabstimmungen bedeutsam waren, keine Rolle. Wichtig war die Dezentralisierung der Macht. Der treibende Gedanke lag in der Schwächung der Macht in Deutschland (Deuerlein, Föderalismus, 219).

Allerdings gehen die damaligen Machthaber dabei mehr von einer Vermutung aus, die nur auf allgemeiner Erfahrung beruht, daß nämlich Teilung Herrschaft und Machtkontrolle erleichtert. In der Wirklichkeit braucht dies nicht immer unbedingt zuzutreffen. Sowohl die bundesstaatliche Ordnung des Norddeutschen Bundes wie die spätere föderalistische Struktur des Deutschen Reiches von 1871 haben genausowenig wie der dezentrale Einheitsstaat der Weimarer Verfassung einen historischen Beweis für die machtteilende Funktion des Föderalismus erbracht. In der grundgesetzlichen Regelung hat die Idee der Gewaltenteilung jedoch einen weit über das klassische Prinzip hinausgehenden institutionellen Rahmen gefunden.

Das Bund-Länder-System stellt einen Teilungsfaktor im System der Gewaltenteilung dar. Neben die klassische Teilung der Gewalt in

Legislative, Exekutive und Jurisdiktion tritt die Teilung der Macht zwischen Bund und Ländern, wenn man darin die Wirkung auf Einflußsphären erblickt. Geregelt ist diese Teilung über den Weg der Gesetzgebungskompetenz und der getrennten Ausübung der Steuer- und Kulturhoheit. Eine weitere Differenzierung erfährt dieses System durch die Organe der Verfassung: Bundestag, Bundesrat, Bundespräsident, Bundesregierung, Bundesverfassungsgericht und Bundesversammlung und den zwischen diesen Gruppen vermittelnden Institutionen.

Die komplexe Struktur der Gewaltenteilung in der Bundesrepublik antwortet — quasi von selbst — auch auf ein neues Problem, das mehrfach für den Parteienstaat festgestellt wurde: Aufgrund der Tatsache, daß die Fraktionen, die in den Parlamenten die Mehrheit bilden, auch die Regierung stellen, ist eine strikte Trennung zwischen Legislative und Exekutive nicht mehr gewährleistet. Auch hinsichtlich einer absoluten Funktionstrennung der Jurisdiktion bestehen Bedenken. In der Tat findet aber die Trennung in der Bundesrepublik auf einer anderen Ebene statt: Der gesetzgebende Bund muß die Ausführung der Gesetze den Ländern überlassen. Wenn diese auch nicht Opposition im parlamentarischen Sinne sind, so sind sie doch in der Lage, die Kontrolle des bundesstaatlichen Legislativvorgangs auszuüben. Diese Struktur ist so durchgängig, daß sie auch die Parteien erfaßt. Zum Problembereich stellt der *Bericht zur Lage der Nation* 1972, 53 fest:

„Der Bundesstaat beruht auf der politischen Idee des Föderalismus. Er rechtfertigt den Bundesstaat mit den Gedanken der demokratischen Dezentralisation, der Tradition regionaler Verschiedenheiten und der ‚vertikalen Gewaltenteilung'. Einer Gleichschaltung des politischen Prozesses durch die im Bund regierende politische Partei steht die Berücksichtigung der regionalen Verschiedenartigkeit der parteipolitischen Kräfteverhältnisse in den Verfassungsorganen der Länder und im Bundesrat entgegen.
Die Vorstellung des ‚kooperativen Föderalismus' betont die Einsicht, daß eine strikte Kompetenzverteilung zwischen Bund und Ländern nicht für alle Staatsaufgaben möglich ist und daß die wirksame Erledigung einiger öffentlicher Aufgaben einer institutionellen Zusammenarbeit des Bundes und der Länder bedarf. In Verwirklichung dieses Gedankens hat das Finanzreformgesetz von 1969, einer Anregung des Tröger-Gutachtens folgend, in das Grundgesetz den Abschnitt VIII a ‚Gemeinschaftsaufgaben' eingefügt. Gemein-

schaftsaufgaben sind: Ausbau und Neubau von Hochschulen einschließlich der Hochschulkliniken, Verbesserung der regionalen Wirtschaftsstruktur und Verbesserung der Agrarstruktur und des Küstenschutzes. Sie werden durch Bundesgesetz mit Zustimmung des Bundestages näher bestimmt. Die Gemeinschaftsaufgaben sind nach der allgemeinen Kompetenzverteilung von den Ländern zu erfüllen, der Bund wirkt aber an einer gemeinsamen Rahmenplanung und an einer gemeinsamen Finanzierung mit, wenn diese Aufgaben für die Gesamtheit bedeutsam sind und seine Mitwirkung zur Verbesserung der Lebensverhältnisse erforderlich ist."

Eine vom Souveränitätsideal der Nationalstaatsära oder der Staatswirksamkeit der Großmächte ausgehende Betrachtung der Staatlichkeit der Bundesrepublik könnte bei dieser Lage — kooperativer Föderalismus, historisches Zustandekommen des Staates — am Staatscharakter dieses Landes zweifeln. Die klassischen Definitionen des Staates durch die Bestimmung der Einheit von

— *Staatsvolk*
— *Staatsgebiet*
— *Staatsgewalt*

ist für die Bundesrepublik Deutschland problematisch. Auch die Souveränität des Volkes kann nur in das bestehende System hineininterpretiert werden, da das Volk die Bedingungen dieses Staates nicht geschaffen hat. Als Hilfskonstrukt werden die Wahlen als Akte der Legitimation des bestehenden Systems interpretiert.

Dem klassischen System der Souveränitätsdefinition widerspricht nicht nur das Zustandekommen der Bundesrepublik, sondern auch ihr systematischer Aufbau: Die Teilung der Funktionen klassischer Souveränität — Bestimmung des inneren und äußeren Freund-Feind-Verhältnisses, Anwendung des Monopols der physischen Gewaltsamkeit, Definitionsgewalt — auf verschiedene Körperschaften mit begrenzter Konkurrenz und deren Bindung an Recht, das selbst wieder unter dem Diktat des Staatsgrundrechts steht mit substantiell unveränderbarem Grundrechtsteil, läßt es fraglich erscheinen, ob die Bundesrepublik mit traditionellen etatistischen Kategorien interpretierbar ist. Denn weder treffen klassische Staatsdefinitionen zu, weil die Bundesrepublik eine Demokratie ist, so daß der Staat letztlich nur als eine Administration der Gesellschaft erscheint und ihr gegenüber keine Gewalt hat, auch ist die moderne Staatenwelt nicht als ein Gebilde letztlich unabhängiger Staaten zu betrachten. Daher treffen auch *traditionelle Formeln* wie die folgende nicht zu:

Staat bezeichnet eine Ordnung, durch die eine Gesamtheit von Menschen auf abgegrenztem Gebiet durch hoheitliche Gewalt von Organen zur Wahrung gemeinsamer Güter und Werte in politischer Unabhängigkeit verbunden ist. Der Staat beruht auf Über- und Unterordnung und nicht, wie eine Genossenschaft, auf Gleichordnung. Er besitzt Befehlsgewalt und kann seine Anordnungen mit Zwang durchsetzen.

Das Verhältnis der Unter- und Überordnung entspricht nicht der Idee des demokratisch verfaßten Systems. Die Ablehnung der Strukturen eines obrigkeitlichen Staates hat hierin ihren Grund. Dabei bedeutet Ablehnung nicht Verwerfung des repräsentativen Systems. Erst wenn das repräsentative System sich obrigkeitsstaatlich versteht, wird es durch die Ablehnung getroffen. Im Falle, daß es sich obrigkeitsstaatlich versteht, ist es jedoch auch nicht mehr das repräsentative System einer demokratischen Verfassung. In ihr nämlich wird es tätig aufgrund eines Mandats und hat nur aufgrund dieses Mandats — unter Berücksichtigung aller Willkürbeschränkungen gegen den Souverän: das Volk, seine Legitimation.

Die funktionale Trennung der verschiedenen Organe im Staat und über das repräsentative System auch die des Souveräns von der Ausübung der Macht, in der Bundesrepublik Deutschland, läßt die Forderung nach Geschlossenheit und Einheitlichkeit sowohl des Volkskörpers und seiner Artikulation in der öffentlichen Meinung wie der Parteien verfassungsrechtlich problematisch erscheinen.

Einheitlichkeit kennt das demokratische Konzept des Grundgesetzes nur in der Forderung der Beachtung seiner Prinzipien: der Freiheitlichkeit, der Rechtlichkeit und der Sozialstaatlichkeit. Deren Verwirklichung ist dabei an die Forderung der Einheit des Konsens über den Gebrauch demokratischer Mittel zum Zwecke der Entscheidungsfindung über die konkreten Inhalte der Prinzipien gebunden.

Aus dem faktischen wie normativen Zustand heraus ist es auch höchst zweifelhaft, wenn eine Übereinstimmung zwischen Bund und Ländern gefordert wird, bzw. Widerspruch durch die Länder an den Rand legalen Verhaltens gestellt wird. Allerdings kann dem Verfassungsverständnis nach das Organ der Länder — oder die Länder selbst — nicht Opposition sein, weil es deren konstitutionelle Voraussetzung im System des Parlaments nicht besitzt, nämlich die Alternative zur bestehenden Regierung zu sein.

Die Organe der Länder sind nicht in direktem parlamentarischen Sinne Kontrollinstanzen und Opposition der bundesstaatlichen Einrichtungen einschließlich des Bundestages. Zwar können sie funktional so wirken, aber sie sind in dieser Wirkung nicht durch das Gesetz institutionalisiert. Dies geht auch aus dem *Urteil* des *Bundesverfassungsgerichts* vom 25. Juni 1974 hervor:

„Nach der Regelung des Grundgesetzes ist der Bundesrat nicht eine zweite Kammer eines einheitlichen Gesetzgebungsorgans, die gleichwertig mit der ‚ersten Kammer' entscheidend am Gesetzgebungsverfahren beteiligt wäre. Dies zeigt schon die Verkündigungsformel für Gesetze, die selbst beim Zustimmungsgesetz nicht lautet: ‚Bundestag und Bundesrat haben das folgende Gesetz beschlossen', sondern: ‚Der Bundestag hat mit Zustimmung des Bundesrates das folgende Gesetz beschlossen.' ... Die Zustimmung ist nur in bestimmten, im Grundgesetz einzeln ausdrücklich aufgeführten Fällen erforderlich, in denen der Interessenbereich der Länder besonders stark berührt wird ... Aus diesem Grundsatz läßt sich ein allgemeines Kontrollrecht des Bundesrates nicht herleiten: Da die meisten Bundesgesetze Länderinteressen irgendwie berühren, würde die für Kompetenzvorschriften selbst notwendige Klarheit verlorengehen, wollte man eine weit und allgemein gefaßte Kompetenz des Bundesrates annehmen."

Es existiert allerdings das andere Problem, ob nämlich die Länder auf Bundesebene zureichend demokratisch legitimiert sind. Die Mitglieder des Bundesrates gehen nicht aus einer Volkswahl hervor. Sie werden von den Landesregierungen bestellt. Diese aber geht aus der in der Wahl getroffenen Begünstigung einer Partei oder Parteigruppe hervor. Die Vertretung im Bundesrat — als Organrepräsentation interpretiert — ist dann indirekt durch den Wahlvorgang legitimiert.

Die Debatte über die demokratische Legitimation der Länder auf Bundesebene erfüllt eher politische Funktionen im Meinungsstreit um die Legitimationsfrage.

Festzuhalten ist:

Legitimation im repräsentativen System erzeugt sich nur beschränkt durch plebiszitäre Elemente. Entscheidend ist die zeitlich befristete Mandatierung repräsentativer Organe. Zusätzlich kennt das Grundgesetz noch weitere Legitimationsbedingungen, etwa die Bindung ans Gesetz und ans Gewissen, sowie die Beachtung der Verfahrenswege im repräsentativen System.

Es gehört geradezu zum Rang des Organs der Länder, daß es nicht durch Grundwahl legitimiert ist, bzw. seine Mitglieder als Personen und im Proporz nicht durch Wahl delegiert wurden. Dadurch erscheint das Organ des Bundesrates gerade den Kämpfen entzogen, die aus der Interpretation des Mehrheitswillens und der entgegengesetzten Überzeugung über ihn hervorgehen.

„Der Bundesrat ist verfassungsrechtlich gesehen ein ‚ewiges' Organ; er erneuert sich kontinuierlich, da nach jeder Wahl eines Landesparlaments die neugebildete Landesregierung auch die Bundesratsmitglieder neu bestellt" (H. Laufer: Der Bundesrat, Aus Politik und Zeitgeschichte, B 4/72, 7). Der Bundesrat ist weder Kontrollinstanz, noch Opposition, aber auch nicht Organ einer einheitlichen Willensbildung der Länder. Die Länder besitzen keine Einrichtung zur einheitlichen Willensbildung. Sie treten im Bundesrat als einzelne Länder auf. Die Institutionalisierung der Länderzusammenarbeit auf Bundesebene besitzt nur Konferenzrang. Verbindlichkeiten können dort nur unter der extremen Bedingung der Einstimmigkeit erzeugt werden. Aber auch diese unterliegt einschränkenden Bedingungen. Da die Konferenzen ressortbezogen sind, müssen bei ressortübergreifenden Beschlüssen die einzelnen Fachministerien befragt werden. Sodann besteht die Verantwortlichkeit der beschließenden Minister gegenüber ihren souveränen Organen, den Landtagen, die über den Weg der Kontrolle der Exekutive die Verbindlichkeit der einstimmigen Beschlüsse für das eigene Land aufheben können.

Die Ländervertretung im Bundesrat geschieht aufgrund des beschlossenen Gesamtinteresses oder -wohls der jeweiligen Länder durch deren Landesregierungen. Das hat zur Folge, daß im Bundesrat niemals persönlich abgestimmt wird, sondern immer nur die den einzelnen Ländern zustehenden Stimmanteile geschlossen für oder gegen eine Entscheidung abgegeben werden können.

Legitimität und Souveränität bewähren sich in der Bundesrepublik, im föderalistischen Bundesstaat, nur in komplexen Verfahren und in Prozessen der Vermittlung divergierender Organe. Die Staatsqualität kommt der Bundesrepublik nur als einem System zu, das Bund und Länder umgreift, wobei seine Handlungen als Staat nicht nur der Staatsräson genügen müssen, sondern auch dem Recht. Mit dieser Forderung wendet sich das GG gegen staatliches Nützlichkeitsdenken. Damit tut es der klassischen Souveränitätslehre gewaltig Abbruch. Das Opportunitätsprinzip ist verfassungsrechtlich nicht der Bewertungsmaßstab, sondern allein die Rechtskonformität oder deren Mangel. Diesen Kriterien unterliegt das Regierungshandeln, sei es nun bei Vertragsschließungen oder bei Waffenverkäufen. Die oppositionelle Partei verhielt sich systemkonform als sie wegen der Ostverträge das Bundesverfassungsgericht anrief, das dann feststelle, daß die Rechtskonformität der Verträge bei Einhaltung von verfassungsmäßig gegebenen Rahmenbedingungen vorhanden sei.

Die klassischen Bestimmungen der Staatlichkeit enthalten die Definition des Staates als Träger des Monopols der physischen Gewaltsamkeit, und zwar nach Innen und nach Außen. Dieses Monopol befindet sich in der Bundesrepublik nicht bei einer Hand des Staates, sondern verteilt auf die Elemente des Systems. Diese Trennung stellt eine von Etatisten bedauerte Effizienzbeschränkung dar. Bei der Bewertung dieses Sachverhaltes ist jedoch darauf zu achten, daß *Effizienzbeschränkung* der Macht *ambivalent* ist:
— Die schnelle Bewältigung von Problemfällen, die die staatliche Macht erfordern, ist beeinträchtigt,
— die Kompetenz bei der Abwehr von Feinden ist nur für eine außenpolitisch definierbare Freund-Feind-Erklärung eindeutig geklärt,
— der erfolgreiche, effiziente Mißbrauch der Macht ist erschwert — was sowohl für das Gemeinwesen wie für den Einzelnen kein unerheblicher Erfolg der Machtbeschränkung ist.
Sieht man von Ausnahmeregelungen ab, dann ist der Bereich der Innenpolitik im Sinne der Anwendung des Monopols der physischen Gewaltsamkeit nicht Bundessache. Dabei ist als Erschwerung zu berücksichtigen, daß an der Entscheidung darüber, ob die Ausnahme vorliegt, die Länder mitwirken.

„Die Grundregel für die Verteilung der Zuständigkeiten zwischen Bund und Ländern ist, daß die Ausübung der staatlichen Befugnisse und die Erfüllung der staatlichen Aufgaben Sache der Länder ist, soweit das Grundgesetz keine andere Regelung trifft oder zuläßt (Artikel 30 GG).
Danach ist die Landesstaatsgewalt prinzipiell unbegrenzt, die Bundesstaatsgewalt dagegen prinzipiell begrenzt, so daß der Bund für eine von ihm in Anspruch genommene Kompetenz eine spezielle Zuweisung durch das Verfassungsrecht nachweisen muß. In engen Grenzen sind durch Auslegung des Grundgesetzes zu ermittelnde ‚ungeschriebene‘ Zuständigkeiten des Bundes im Bereich der Gesetzgebung und der Verwaltung anerkannt.
Die Generalklausel des Artikels 30 GG ist für die einzelnen Funk-

tionsbereiche der Staatsgewalt näher präzisiert: für die Gesetzgebung in den Artikeln 70 ff. GG, für die vollziehende Gewalt in den Artikeln 83 ff. GG, für die Auswärtigen Angelegenheiten in Artikel 32 GG und für die Rechtsprechung in den Artikeln 92 ff. GG. Für das Finanzwesen ist wegen der Eigenart des Sachgebiets eine zusammenhängende Regelung in den Artikeln 104a ff. GG vorgenommen worden. Der Grundgedanke der Kompetenzverteilung ist, daß dem Bund weit gespannte Gesetzgebungszuständigkeiten zustehen, das Schwergewicht der Verwaltung und Rechtsprechung aber bei den Ländern liegt. Die Aufgabe des Bundes, die Rechts- und Wirtschaftseinheit zu wahren, kommt in den umfangreichen Katalogen der Bundeszuständigkeiten für die Gesetzgebung sowie darin zum Ausdruck, daß Bundesrecht Landesrecht bricht (Artikel 31 GG) und daß die Revisionsinstanzen in allen Gerichtszweigen oberste Gerichtshöfe des Bundes sind (Artikel 95, 96 GG). Die Hauptgebiete der Landesgesetzgebung sind das Bildungswesen, das Gemeinderecht und das Polizei- und Sicherheitsrecht. Auch das Bundesrecht wird ganz überwiegend von den Behörden der Länder, wenn auch unter Aufsicht des Bundes, vollzogen" (aus: Bericht zur Lage der Nation 1972, 53; zum Gerichtswesen vgl. Abb. 5).

Über die Rahmengesetzgebung (Art. 75 GG) und die Regelung von Gemeinschaftsaufgaben (Art. 91 a und 91 b GG) sowie die innerstaatlich wirkende Wirtschafts-, Sozial- und Rechtspolitik handelt der Bund allerdings innenpolitisch, und zwar auch in Beziehung auf das Monopol der physischen Gewaltsamkeit. Jedoch untersteht ihm nur begrenzt, und dann nur nach Vereinbarungen mit den Ländern, die praktische Ausführung. So kann selbst im Katastrophenfall der Bund nur nach Anrufung durch ein Land aktiv werden — und dann auch nur im Rahmen der Beauftragung durch das Land. Die Definition der Außenbeziehungen ist den Ländern entzogen, obgleich sich Situationen denken lassen, wo zustimmungspflichtige Verträge die Mitwirkung der Länder verlangen. Inzwischen hat sich die Verfassungswirklichkeit von der Forderung starker, selbständiger Länder beträchtlich entfernt. Die Länder haben zwar stets versucht, im Rahmen der Gesetzgebung ihre Kompetenz dadurch auszuweiten, daß sie Gesetze eher für zustimmungspflichtig hielten, aber der Bundesverfassungsgerichtshof hat diese Ambitionen zurückgewiesen. Die Praxis hat eine Stärkung der Stellung des Bundes mit sich gebracht. Dies geschah über die Finanzpolitik und über das Institut der Gemeinschaftsaufgaben.

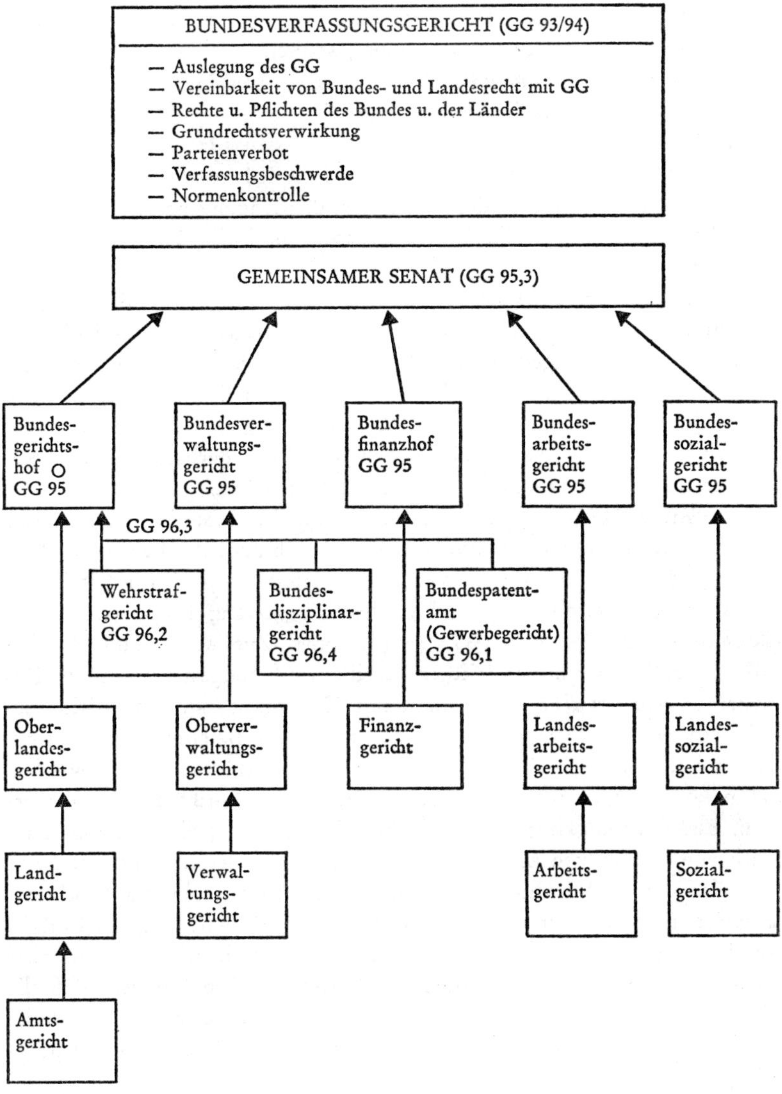

BUNDESVERFASSUNGSGERICHT (GG 93/94)

- Auslegung des GG
- Vereinbarkeit von Bundes- und Landesrecht mit GG
- Rechte u. Pflichten des Bundes u. der Länder
- Grundrechtsverwirkung
- Parteienverbot
- Verfassungsbeschwerde
- Normenkontrolle

GEMEINSAMER SENAT (GG 95,3)

| Bundes-gerichts-hof O GG 95 | Bundesver-waltungs-gericht GG 95 | Bundes-finanzhof GG 95 | Bundes-arbeits-gericht GG 95 | Bundes-sozial-gericht GG 95 |

GG 96,3

| Wehrstraf-gericht GG 96,2 | Bundes-disziplinar-gericht GG 96,4 | Bundespatent-amt (Gewerbegericht) GG 96,1 |

| Ober-landes-gericht | Oberver-waltungs-gericht | Finanz-gericht | Landes-arbeits-gericht | Landes-sozial-gericht |

| Land-gericht | Verwal-tungs-gericht | | Arbeits-gericht | Sozial-gericht |

| Amts-gericht |

Abbildung 5: Aufbau des Gerichtswesens

Bei den Gemeinschaftsaufgaben, die im Grundgesetz eigens erwähnt sind (Art. 91 a und 91 b GG), sind ursprüngliche Aufgaben der Länder an den Bund übergegangen. Das Verfassungsinstitut der Gemeinschaftsaufgaben ist kein ursprünglicher Verfassungsartikel.

Die *Gemeinschaftsaufgaben* der Art. 91 a GG betreffen
— den Ausbau und Neubau von Hochschulen
— die Verbesserung der regionalen Wirtschaftsstruktur
— die Verbesserung der Agrarstruktur und des Küstenschutzes.

Ebenso haben die Länder der Kompetenzübertragung auf den Bund für die Abfallbeseitigung, die Luftreinhaltung und die Lärmbekämpfung zugestimmt.

Durch dieses Verfahren ist gewährleistet, daß Aufgaben, die zwar in die Hoheit der Länder fallen, aber einer einheitlichen Regelung bedürfen, auch einheitlich geregelt werden können. Das Fehlen eines Organs der Länder zur einheitlichen Entscheidungsfindung in ihrem Zuständigkeitsbereich ist hier dadurch ersetzt, daß der Bundestag als Bundesorgan durch Mehrheitsbeschluß einen einheitlichen Beschluß herbeiführt, der das übliche Kontrollverfahren des Bundesrates durchläuft.

Eine weitere Abhängigkeit der Länder vom Bund ist durch zusätzliche Kooperationsformen entstanden. Dabei hat sich auch die Verantwortlichkeit verschoben. Zum Teil ist sie unklar geworden, weil alle Beteiligten ein Beziehungsgeflecht mit wechselndem Zugszwang organisiert haben. Besonders Art. 104 a (3) GG erwirkt einen Zugzwang dadurch, daß Mittel nur bei partnerschaftlicher Beteiligung bereitgestellt werden. Das bedeutet, daß etwa der Bund nur dann 50 Prozent einer Investition bereitstellt, wenn auch die Länder zu entsprechender Beteiligung bereit sind. Zwar kann auf die Durchführung eines Projektes verzichtet werden, dann können aber auch die bereitgestellten Mittel nicht abgerufen werden. Bei einer einseitig sparsamen Haushaltsführung eines Landes oder auch von Kommunen kann das dazu führen, daß deren Haushalte zwar nur eine geringe Verschuldung aufweisen, die Infrastruktur aber schlecht entwickelt bleibt oder gegenüber der übrigen Entwicklung zurückfällt. In der Regel fordert die jeweilige Opposition im jeweiligen Land oder in den Kommunen die Abrufung der Mittel mit dem Hinweis, daß die Vernachlässigung sich gegen die Interessen der vertretenen Bevölkerung richte. Aus mehreren Gründen kommt in solchen Fällen also der nutznießende Teil in Zugzwang.

Allerdings ermöglicht die Regelung von Art. 104 a (3) GG auch, daß diejenigen, die laut Gesetz oder Gesetzesvorschlag einen Anteil zu den durch den Bund aufgebrachten öffentlichen Mitteln zu leisten hätten, über diese Bestimmung die politischen Absichten der Bundespolitik konterkarrieren können. Dies ist etwa möglich bei abweichenden Vorstellungen über Maßnahmen zur Konjunktur-, aber auch zur Eigentumspolitik.

Das Beispiel etwa der Finanzierung der Subventionierung von Wärmeschutzmaßnahmen durch Hauseigentümer in der Legislaturperiode des achten Deutschen Bundestages illustriert die Möglichkeiten einer oppositionellen Politik.

Mit Hilfe des Gesetzes zur Förderung der Stabilität und des Wachstums der Wirtschaft vom 8. Juni 1967 und des Haushaltsgrundsätzegesetzes vom 19. August 1969 wurden Formen der Zusammenarbeit im Rahmen der Dreigliedrigkeit der Verwaltung geschaffen. In den geschaffenen Räten sind sowohl Vertreter des Bundes, der Länder als auch Vertreter der Gemeinden und Gemeindeverbände. Die kommunalen Mitglieder nehmen jedoch nicht aufgrund eigenen Rechts an diesen Räten teil, sondern sie werden „vom Bundesrat auf Vorschlag der kommunalen Spitzenverbände bestimmt". Diese Einrichtungen haben jedoch keine Entscheidungsbefugnis. Sie können nur beraten und empfehlen.

Zu den verbliebenen hoheitlichen Befugnissen der Länder verhält sich die gegenwärtige Interpretation zwiespältig. Da der Bund unter Mitwirkung der Länder im Rahmen ihrer Zustimmung zu zustimmungspflichtigen Gesetzen auf ihrem ureigensten Hoheitsgebiet immer mehr Kompetenzen an sich gezogen hat, sprechen etwa Schelsky und Ellwein davon, daß die Länder statt der Kultur- und Justizhoheit, nur noch eine Kultur- und Justizverwaltungshoheit besäßen. Das besagt nichts anderes als daß der Bund die Gesetzgebungshoheit in diesem Bereich und die Länder nur noch das Anwendungsrecht über den Weg der Erlasse und Verordnungen als Ausführungsbestimmungen des bundesstaatlichen Gesetzes ausüben.

Dennoch entspricht die *Struktur* der *Bundesrepublik Deutschland* dem, was mit dem Begriff *Bundesstaat* bezeichnet wird:

„Ein Bundesstaat ist nach herkömmlicher Auffassung ein aus mehreren ursprünglich selbständigen Staaten zusammengeschlossener Verband, der unter Aufrechterhaltung der Staatsqualität zwischen Gliedstaaten und Gesamtstaat nach Aufgabenbereichen aufgeteilt ist." ... Er ist dadurch gekennzeichnet, „daß der Bund im Rahmen seiner Zuständigkeiten Befugnisse der Gliedstaaten ausschließen und unmittelbar hoheitliche Gewalt gegenüber den Angehörigen der Gliedstaaten ausüben kann, die dadurch auch seine Staatsangehörigen werden" (Fischer Lexikon, Staat und Politik).

2.2 Legitimation der Bundesrepublik Deutschland

Die Effektivität der strukturellen Organisation der Bundesrepublik Deutschland kann schwerlich gemessen werden, weil dies ein Problem der Wirkanalyse der beteiligten Faktoren ist. Die Faktoren sind aber, wie gezeigt, vielfältiger Art und komplex verschlungen. Zuzurechnen sind die informell wirkenden Bereiche, d. h. diejenigen, die der öffentlichen Kontrolle und ihrer Verfahrensregelung nicht unterworfen sind.

Schließlich sind aber auch noch die *Bewertungsurteile* zu berücksichtigen, die bei der Feststellung der *Effektivität* eine Rolle spielen:

– Die basisdemokratische Theorie ist der Meinung, daß das System der Bundesrepublik zum Zwecke der Steigerung der Demokratie eine effektivere Entwicklung demokratischer Institutionen benötige.

– Eine verwaltungstechnisch orientierte Einstellung verlangt eine effektivere Verwaltung und führt etwaige Mängel im Verwaltungshandeln auf deren Blockierung durch dezentrale Entscheidungsinstanzen zurück. (So etwa wird der Kompromißzwang zwischen Bundesregierung und Bundesrat als Ländervertretung als ein Hindernis in der Beförderung einer bundeseinheitlichen und effektiven Verwaltung betrachtet.)

– Andere Positionen sehen sowohl in der basisdemokratischen Wendung als auch im reinen Verwaltungsdenken ein Hindernis für die effektive Wirksamkeit des Systems der Gewaltenteilung als Schutzinstrument der persönlichen Freiheitsrechte, wobei die Konkurrenz der Gewalten selbst als eine gewaltenteilende Funktion betrachtet wird. (Im letzteren Sinne kann es gar nicht wünschenswert sein, die Bundesrepublik nach einem kybernetischen Modell der Reduktion von Störfaktoren zu organisieren.)

Störfaktoren – im kybernetischen Sinne – gehören im Gegenteil zum verfassungsrechtlich normierten System der Bundesrepublik Deutschland; allerdings nur solche Faktoren, die verfassungsrechtlich ausgewiesen sind. Daher steht es nicht im Bereich der Beliebigkeit, Störfaktoren einzuführen oder zu eliminieren. In der Verfassung sind sie verankert aufgrund der satzungsmäßigen Formalisierung der Reflexion historischer Erfahrung mit Ordnungsmodellen der Gesellschaft. Darum ist jede Verfassungsinterpretation gezwungen, die geschichtlichen Bedingungen und die problemlösende Absicht des Verfassungsgebers mit zu beachten. Die institutionalisierten „Behinderungen" dienen der Begrenzung der Unmittelbarkeit des politischen Willens. Sie ermöglichen außerdem eine breite Einwirkung auf die Entscheidung und die Modalitäten ihrer Verwirklichung.

Während in traditionellen Vorstellungen der Legitimation des Staates die Verfassung als Legitimität stiftende Grundlage angesehen wird, gilt für die Bundesrepublik ein wesentlich komplexerer Zusammenhang der Legitimierung.

Die traditionelle Legitimationstheorie betrachtet zusätzlich zur Verfassungsnorm noch die die Norm näher ausführenden Zusatzbestimmungen über das Regierungshandeln und die bürgerlichen Rechte als grundlegende Teile des Verfassungssystems. Eine weitergehende Interpretation sieht auch in den Ordnung stiftenden Handlungen der verfassungsmäßigen Institutionen einen Faktor des Verfassungssystems, das durch dieses Element eine dynamische Richtung erhält, so daß aus dem Geist der Verfassung heraus der Wandlungsprozeß der Gesellschaft in ein formales System von Kodifikationen überführt werden kann. Damit sollen extreme Differenzen zwischen Verfassungsform und Verfassungswirklichkeit ausgeglichen werden.

In die Verfassungsgeschichte wird dadurch ein neues Element eingeführt — mindestens für die Geschichte des konstitutionellen Staates. Während bisher Verfassungen in der Regel nur im Zusammenhang gesellschaftlicher Krisen neu formuliert wurden, wird jetzt ein Prozeß stetiger Vermittlung intendiert.

Das Grundgesetz der Bundesrepublik Deutschland hat dies in über 30 Änderungen erfahren. Dadurch wird der Verfassungstext stets so konkret gehalten, daß er als Vergleichsgrundlage herangezogen werden kann. Die Konkretisierung ermöglicht im Unterschied zur abstrakten Verallgemeinerung eine eindeutigere Beziehung auf mögliche Auslegungsspielräume. Diese sind im Rahmen des Verfahrens eng bemessen, so daß Änderungen der Verfassung in der Regel nicht umstürzenden Inhalts sind und langwierige Verfahren verlangen.

Wesentlicher noch aber als die Verfassung, die zum traditionellen Legitimierungsinstrument des konstitutionellen Staates gehört, ist das Element der Gewaltenteilung in Legislative, Exekutive und Jurisdiktion. Nach der Interpretation Dolf Sternbergers u. a. ist dieses Instrument im Parteienstaat jedoch nicht mehr funktionstüchtig. Mit dieser Feststellung ist am System der Bundesrepublik Deutschland jedoch keine Kritik leistbar, da der verfassungsmäßige Aufbau dieses Staates dieses Problem mit Hilfe der Dreigliederung der Verwaltung und dem Föderalismus von Bund und Ländern funktional zu lösen versucht. Die Tatsache der direkten Abhängigkeit — als Folge personeller und parteipolitischer Überschneidung — von Legislative und Exekutive mit ihren Ausstrahlungen in die Jurisdiktion — etwa durch Richterwahl — wird aufgehoben durch die funktionelle Teilung in Gesetzeshoheit, Verwaltungshoheit und Auf-

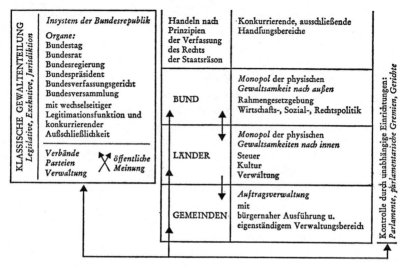

Abbildung 6: Legitimationsschema der Bundesrepublik

tragsverwaltung, wobei der politisch relevante Satz zu beachten ist, daß nach den Kämpfen um die Gesetze das Ringen um die für sie notwendigen Ausführungsbestimmungen beginnt. Zusätzlich ist außerdem zu beachten, daß Gesetz und Ausführungsbestimmungen noch nicht die Ausführung selbst sind. Das bedeutet, daß bei Beachtung formaler Exaktheit seitens der ausführenden Organe mancherlei Modifikationen möglich sind, die den ausführenden Instanzen ein gewisses Maß an Freiheit lassen (vgl. Abb. 6).

Zum Legitimationsschema gehört jedoch für die Bundesrepublik ganz wesentlich der historische Hintergrund, der durch die Berufung auf die Verfassung von 1871 und 1918 deutlich wird. Dabei findet eine Reduktion des Eigenrechts statt, das bürgerliche Nationalstaaten des vergangenen Jahrhunderts auszeichnete. Die Einwirkung der Alliierten bei der Souveränitätsbildung ist genauso konstitutiv für die Legitimation wie der Souveränitätsgewinn durch Souveränitätsverzicht. Denn immerhin gewann die Bundesrepublik Deutschland ihre Souveränität dadurch, daß sie wesentliche klassische Elemente einer souveränen Nationalstaatspolitik an internationale Organe delegierte. So besitzt sie im strengen Sinne keine eigene Verteidigungspolitik. Diese ist vielmehr Gegenstand der NATO. Außerdem hat sie durch Beitritt zu weiteren internationalen Verträgen — Nonproliferationsvertrag etwa oder Montan Union — auch in wirtschaftlichen Bereichen auf Souveränität verzichtet. Dieser Verzicht

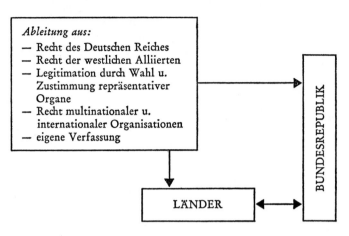

Ableitung aus:
— Recht des Deutschen Reiches
— Recht der westlichen Alliierten
— Legitimation durch Wahl u.
   Zustimmung repräsentativer
   Organe
— Recht multinationaler u.
   internationaler Organisationen
— eigene Verfassung

BUNDESREPUBLIK

LÄNDER

Abbildung 7: Souveränität der Bundesrepublik

allerdings ermöglichte ihr erst eine eigene Staatsentwicklung (vgl. Abb. 7). Es muß festgehalten werden, daß das Verfassungssystem der Bundesrepublik Deutschland ein gewachsenes Gebilde historischer Erfahrungen ist, die im Verfassungstext und seinen Rahmentexten einen reflektierten Ausdruck bekommen haben, der durch die Kodifikation formalisiert ist. Der Unterschied etwa zum angelsächsischen Verfassungsdenken besteht nun nicht darin, daß auf der einen Seite die Verfassungsstaaten ständen und auf der anderen Seite Staaten ohne Verfassung mit einem internalisierten politischen Verhalten, das nur einer pragmatischen Legitimierung bedarf, sondern in der Verfassung der Bundesrepublik Deutschland vereinigt sich das pragmatische Element historischer Erfahrung mit dem juristischen Element der Kodifikation, das zum wesentlichen Bestandteil einer bürgerlichen — auf Gleichheit der Personen und Gruppen — abhebenden Verfassung zählt.

Einen allein gültigen, einzigen Verfassungstext gibt es auch für die Bundesrepublik Deutschland nicht. Auch ihr Geist ist historisch, zugleich aber verknüpft mit stark wirksamen Elementen der Idee funktionaler Gewaltenteilung und öffentlicher Geltung aufgrund von Kodifikation der Texte. Damit ist der Verfassungsgeist nicht beliebig — auch nicht formal in dem Sinne, daß er sich einer Mehrheit beugte.

Der Hüter der Verfassung ist in diesem System nicht monopolistisch institutionalisiert, sondern im letzten Verstande ist der Hüter die Gesamtheit des mündigen Bürgervolkes, das im demokratischen Verfassungsstaat dem Prinzip nach zugleich Subjekt und Objekt des politischen

Willens ist. Die Kritik am System richtet sich so auch im Prinzip nicht gegen diese Idee, sondern gegen den Mangel ihrer Verwirklichung, wobei sie zu dem Schluß kommen kann, dieser Mangel sei systembedingt. Jedoch redet diese Kritik weniger von der positiven Idee des Verfassungsstaates als von der Negativität seiner geschichtlich-materiellen Form. In der Mißachtung der Differenz zwischen beiden verschwindet aber die Idee durch die umfassende Kritik des Praktischen. Der Verlust des Verfassungsstaates — wie subtil auch immer — ist jedoch zugleich der Beginn der Herrschaft des Schreckens als Preis für den Verlust des konstitutionellen Systems. An der Grundeinsicht des modernen Staatsdenkens, daß der Verfassungsstaat Sicherungs- und Gewährleistungsinstrument sei, hat sich demnach — trotz aller Kritik — nichts geändert. Sie übersieht vielmehr, daß jegliche Praxis der Idee gegenüber immer defizitär ist und sie nur in einem geschichtlichen Prozeß einholen kann. Daher ist die absolute Kritik auch selbst durch ihr ungeschichtliches Denken gekennzeichnet. Für die Legitimationsfrage ist entscheidend, ob die politische Praxis sich nach wie vor durch die Verfolgung der Intention des Verfassungsgedankens ausweisen kann. Nur darum kann die kritische Diskussion gehen. Dabei verhalten sich aber auch diejenigen ungeschichtlich und im Sinne der Verfassung politisch höchst problematisch, die die unverkürzte Einlösung des Geistes der Verfassung gegen ihre Kritiker behaupten und damit die lebendige Mitwirkung des verfassungsmäßigen Souveräns auf temporäre Delegation und allerhöchstens Akklamation gegenüber der politischen Kunst der Mandatsträger verkürzen wollen.

Literatur

Rudolf Hamann: Politische Soziologie für den Sozialkundeunterricht. Eine Einführung in das politisch-soziale System der Bundesrepublik, Hoffmann und Campe, Hamburg 1974, 180 Seiten.
Die Politische Soziologie für den Sozialkundeunterricht möchte eine lehrerbezogene Information anbieten. Sie enthält die wesentlichen Elemente des für die Verfassung unseres Staates konstitutiven Demokratiebegriffes, eine Einführung in Probleme politischer Willensbildung und des Entscheidungshandelns und führt knapp in Fragen der politischen Bildung und des politischen Verhaltens ein.

Kurt Sontheimer: Grundzüge des politischen Systems der Bundesrepublik Deutschland, Pieper Sozialwissenschaft, 4. Aufl. München 1974, 239 Seiten.

Sontheimer führt in die historische Entwicklung der Bundesrepublik und der DDR ein. Dabei werden systematisch die Hauptprobleme der institutionellen Bedingungen des Verfassungssystems der Bundesrepublik dargestellt und — was nicht unwichtig ist — der gesellschaftliche Rahmen des politischen Systems referiert: Wirtschaft, Gesellschaft und politischen Kultur. Außerdem bezieht diese Systematik das internationale Umsystem der Bundesrepublik mit ein. Als umfassender Grundlagentext zu empfehlen.

Dieter Hesselberger: Das Grundgesetz, Kammentar zur politischen Bildung, Arbeitsmittel für Studium und Unterricht, Luchterhand, Neuwied/Berlin 1975, 277 Seiten.

Mit diesem Kommentar wird eine Lücke gefüllt. Er erleichtert jedermann den Umgang mit Interpretationsfragen zum Grundgesetz. Manche Ausführungen könnte man sich zwar umfangreicher wünschen, jedoch wird diese Lücke für Interessenten durch die zahlreichen großen Kommentare zum Grundgesetz gefüllt. Neben einer allgemeinen Einleitung werden einzelne Artikel des GG gesondert oder als zusammengehörige Definitionsbereiche behandelt.

Thomas Ellwein: Das Regierungssystem der Bundesrepublik Deutschland, Westdeutscher Verlag, Opladen 1973, 813 Seiten.

Der ‚Ellwein‘ ist das Standardwerk zum Thema „Regierungssystem der Bundesrepublik Deutschland“. Es bietet die Informationen umfassend und mit jeder Neuauflage aktualisiert. Da die meisten Kapitel unabhängig voneinander gelesen werden können und ein Register das Auffinden wichtiger Schlagworte erleichtert, dient das Buch neben der systematischen Einführung auch der jeweils aktuellen Information bei thematischen Arbeiten und der Unterrichtsvorbereitung.

Ernst Deuerlein: Föderalismus. Die historischen und philosophischen Grundlagen des föderativen Prinzips, Schriftenreihe der Bundeszentrale für politische Bildung, Heft 94, Bonn 1972, 416 Seiten.

Das Föderalismusproblem hat in Deutschland historische Wurzeln, die zusammengehen mit dem Problem der Nationwerdung. Außerdem gab es Schwierigkeiten mit Versuchen zur Bildung des zentralen Einheitsstaates. Deuerlein erklärt die Gründe der dezentralen, bundesstaatlichen Lösung. Das Studium des Textes deckt auf, warum in Deutschland nicht leichtfertig für mehr Effizienz durch Zentralisierung argumentiert werden kann. Deuerleins Arbeit füllt eine Lücke auf dem Gebiet einer systematischen Behandlung des Förderalismus. Die Benutzung dieses Textes kann sehr empfohlen werden.

II. Systembegriff und Systemprobleme

1. Implikationen des Systembegriffs

Verfaßte Gesellschaften werden in der Regel politisches System genannt. Im Systembegriff drückt sich der Gedanke einer spezifischen inhaltlichen und formalen Bestimmtheit aus, durch die das bezeichnete Gebilde von anderen unterschieden ist und bei aller inneren Pluralität Identität besitzt. Der Systembegriff dient somit zur vereinfachenden Kennzeichnung komplexer Zusammenhänge im gesellschaftlich-staatlichen Feld.

System bezeichnet eine Einheit, die aus dem Zusammenfügen verschiedener Elemente zustande kommt − oder als ein gegebener geregelter Zusammenhang von Teilen gegeben ist − und aus der nur um den Preis fast grundsätzlicher Veränderung (Aufhebung des Systems) Elemente herausgelöst oder durch andere ersetzt werden können.

Struktur meint die Zuordnung der für das System konstitutiven Elemente, deren Aufbau und Gliederung also. Eine Umschichtung der Elemente betrifft deshalb noch nicht das System, sondern nur dessen inneren Aufbau, wobei allerdings zu beachten ist, daß der innere Zusammenhang der Elemente − als die Struktur eines Systems − nicht beliebig variabel ist, ohne daß dadurch das System berührt würde.

Systemveränderung bedeutet immer die Veränderung − im Extremfall der Austausch oder die Eliminierung − der Elemente.

Auf die Bundesrepublik Deutschland angewandt würde eine Systemveränderung in der Aufhebung der Ersetzung der formalen und materialen Elemente des verfassungsmäßig definierten Systemzusammenhangs bestehen. Gegenwärtig haben Systemveränderungsdebatten die Aufhebung oder Veränderung der repräsentativen und/oder parlamentarischen Elemente zum Inhalt. Sie plädieren für deren Ersetzung durch Hochsteigerung des demokratischen zum alleinigen Element des Systems.

Diese Diskussion kann jedoch im Sinne der Durkheimschen Strukturtheorie (Emile Durkheim — 1858 bis 1917) nicht abgelehnt werden, sondern signalisiert ein Problem, und zwar zumindest, daß in einer komplexen Gesellschaft die Variationsbreite der realen Entscheidungsmöglichkeiten durch Selektion und Kombination von Elementen dieser komplexen Gesellschaft wächst, was dazu führt, daß an eine solche Gesellschaft ein wachsendes Angebot an Alternativen herangetragen wird, die ihre Integrationskraft als gesellschaftliches System herausfordern. Der Versuch der Lösung des Problems der Differenz zwischen existierendem System und möglichen Systemen führt — bei Aufrechterhaltung des Systems — zur Erweiterung der strukturellen Bezüge oder zur Etablierung von Elementen alternativer Systeme als Subelemente. Strukturell wird so jede Gesellschaft, die einmal in diesen Prozeß der Integration divergierender Bestrebungen eingetreten ist, immer komplexer mit den Folgen, daß immer mehr „Abweichungen" möglich werden, ohne daß diese als abnormal bezeichnet werden könnten.

Für die Bundesrepublik Deutschland gehört sowohl im Sinne der Verfassung wie des Systembegriffs die Diskussion über „das kapitalistische System" nicht zu den Systemveränderungsdebatten, da die Verfassung das Gesellschaftssystem der BRD nicht als kapitalistisches definiert, sondern dies dem Selbstverständigungsprozeß der gesellschaftlichen Gruppen überläßt, wobei sie Präferenzen durch Art. 14, 15 und 20 GG setzt und sich als Verfassung eines freiheitlich-sozialen Rechtsstaates versteht. Außerdem ist der Begriff „kapitalistischer Gesellschaft" nicht zwingend ein Systembegriff, sondern, der Tradition Durkheims folgend, ein Strukturbegriff.

Strukturveränderung meint die Umorganisation des Systems, ohne Systemelemente aufzuheben.

Zu den Problemen der Strukturveränderung würde die Reform des Wirtschaftswesens gehören können. Hierzu gehören auch die Probleme der Gebietsreform oder die Frage der Einrichtung von Gemeindekammern, die — ähnlich dem Bundesrat auf Bundesebene — zum Mitwirkungsorgan (parallel zu den Landtagen bzw. zu den Bundesorganen) im Rahmen jener konkurrierenden Gesetzgebung werden könnten, die durch Entscheidungen des Bundes und der Länder, einzeln oder gemeinsam, die Gemeinden betreffen. Durch solche Veränderungen braucht der demokratisch-repräsentativ-parlamentarische Charakter und die Definition als sozialer Rechtsstaat inhaltlich nicht berührt zu werden. Am Beispiel der Kapitalismusdebatte in der Bundesrepublik wird jedoch deutlich, daß Strukturveränderungen auch immer im Hinblick auf das System betrachtet werden müssen. Genauso ist aber zu prüfen, ob bestehende Strukturen den Intentionen des Systembegriffs entsprechen, d. h. in seinem Sinne effizient sind.

Strukturveränderungsvorschläge und -prozesse sind immer darauf hin zu prüfen, ob sie nicht Systemveränderungen zum unmittelbaren Inhalt haben oder ob sie die erstrebte Veränderung auch erwirken. Sie sind also darauf hin zu prüfen, in welchem Umfange sie gewollte oder/und ungewollte Nebenfolgen nach sich ziehen.

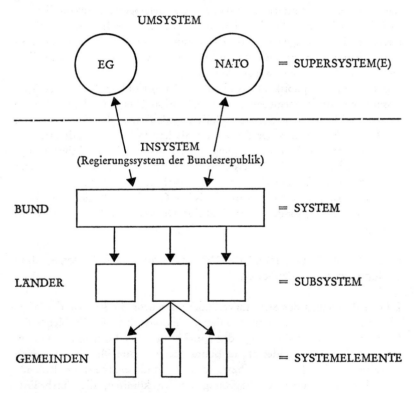

Abbildung 8: Systemaufbau der Bundesrepublik
(Abbildung nach: N. Konegen: Politikwissenschaft, Düsseldorf 1973, 15)

Mit Hilfe des Systembegriffs demokratisch-repräsentatives, parlamentarisches Regierungssystem läßt sich das Verfassungssystem der Bundesrepublik Deutschland nach Abbildung 8 schematisieren.

Die Darstellung der Abbildung 8 behandelt den Systemaufbau schichtartig; zusammengesetzt aus drei *Elementebenen:*

— *Gemeinden*

— *Länder*

— *Regierungssystem der BRD.*

Die Frage lautet jedoch, ob das System der BRD in der Tat dreigliedrig abgebildet werden kann, oder ob es nicht einerseits komplexer ist und andererseits sich nicht überhaupt die Frage ergibt, ob — unter Zugrundelegung des Systembegriffs „parlamentarisches Regierungssystem" — die Gemeinden überhaupt zum System gehören. Denn dem Verhältnis von Bund und Ländern ist das Verhältnis: Bund — Gemeinden, Länder — Gemeinden nicht analog. Oder anders: Im Hinblick auf die Gemeinden ist das Wechselverhältnis der Elemente nicht voll ausgebildet.

Der Wähler steht zwar in Beziehung zu einer repräsentativen Instanz und ist in unterschiedlichen Wahlen das einheitliche Subjekt der Souveränität, aber die Stimme ist doch unterschiedlich gewichtet. Das Problem liegt darin, daß, wie schon ausgeführt, die Gemeinden keine Gesetzeshoheit haben und viele Entscheidungen ihrer repräsentativen Organe in struktureller Abhängigkeit zu fremd gesetzten Daten erfolgen. Die Gemeinde ist innerhalb des Verpflichtungssystems, dem sie unterliegt, durch Organe gebunden, die nicht in ein Wechselverhältnis, das bis zur Gemeinde durchstrukturiert ist, eingebunden sind. Dies wäre dann der Fall, wenn ähnlich der Einrichtung des Bundestages zumindest auf Länderebene eine angemessene Repräsentation der Gemeinden existierte, die in der Lage wäre, über sie betreffende Gesetze abzustimmen (vgl. Abb. 9). Die Frage der wirksamen Partizipation der Gemeinde am System stellt sich nicht nur vom Systembegriff her, sondern auch aufgrund der basisdemokratischen Diskussion, die kein lokales, regionales oder sonstwie isoliertes Phänomen ist. Die weltweiten separatistischen Bewegungen — im Gegenzug zur Steigerung kontinentaler Zentralorganisation und der Entwicklung von globalen Mechanismen der Weltinnenpolitik — zeigen an, daß die dort sich manifestierenden sachrational begründeten Tendenzen nach einer Gegensteuerung mit lokalem und regionalem Bezug verlangen.

Anders: Gegenüber der Anonymität strukturell bedingter Organisation entwickeln sich Tendenzen von Direktheit, die um den Preis politisch verantwortbaren Handelns nicht beliebig sein können.

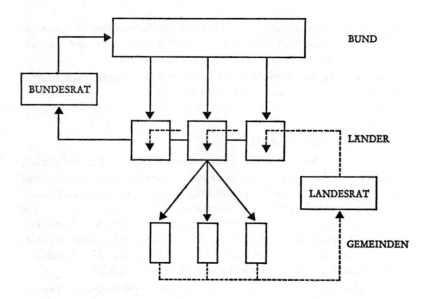

BUND

BUNDESRAT

LÄNDER

LANDESRAT

GEMEINDEN

Abbildung 9: Modell verstärkter Partizipation der Gemeinden

Basisdemokratische Theorien und — etwas weniger politisch dekoriert, nichtsdestoweniger aber von politischer Wirkung — Gruppenideologien und Rätemodelle stellen das System, wenn auch vorläufig nur theoretisch oder mit nur beschränkt wirksamer Aktion, zur Disposition. Es stellt sich jedoch die Frage, um welchen Preis Verfassungssysteme zur Disposition gestellt werden können und ob diese Disposition der Beliebigkeit und etwa Gewalt einzelner Gruppen oder partikularer Interessen überlassen werden kann.

Verfassungssysteme stellen eine institutionalisierte Problemlösung gesellschaftlicher Verhaltensweisen dar. Sie versuchen historischen Erfahrungen zu entsprechen und deren Negativität zu vermeiden. Dabei sind die Problemlösungsmechanismen entsprechend den Verfassungszielen variabel. Ihre weitgehend gewaltfreie — nicht herrschaftslose — Verwirklichung verlangt hohe freiwillige Übereinstimmung aller Betroffenen über Ziel und System.

Die Dispositionsfreiheit über das Verfassungssystem durch in der Verfassung nicht institutionalisierte Organe ist im geltenden System ausgeschlossen. Verfassungsänderungen sind an den Bundestag und die Zustimmung durch den Bundesrat gebunden. Sie verlangen Zwei-Drittel-Mehrheit. Dabei muß das ändernde Gesetz den entsprechenden Art. GG angeben. Für Grundrechte gilt das Verbot, ihren Wesengehalt anzutasten (Art. 19 und 79 GG).

Nach einem Urteil des Bundesverfassungsgerichts vom 23. Oktober 1952 ist die *Dispositionsfreiheit* durch folgenden Grundsatz *eingeschränkt:*

Die freiheitliche, demokratische Grundordnung, die das Grundgesetz sichern will, ist eine Ordnung, „die unter Ausschluß jeglicher Gewalt- und Willkürherrschaft eine rechtsstaatliche Herrschaftsordnung auf der Grundlage der Selbstbestimmung des Volkes nach dem Willen der jeweiligen Mehrheit und der Freiheit und Gleichheit darstellt".

Oberste *Prinzipien* und Prüfkriterien für die *formale* wie *materiale Verwirklichung* des Geistes der Grundordnung, die nicht primär gegen Organisationen von Bürgern formuliert ist, sondern auch gegen administrative Organe — wie es sich aus der Zusammenstellung von selbst ergibt — sind:

1. „Achtung vor den im Grundgesetz konkretisierten Menschenrechten, Recht der Persönlichkeit auf Leben und freie Entfaltung,
2. Volkssouveränität,
3. Gewaltenteilung,
4. Verantwortlichkeit der Regierung,
5. Gesetzmäßigkeit der Verwaltung,
6. Unabhängigkeit der Gerichte,
7. Mehrparteienprinzip,
8. Chancengleichheit für alle politischen Parteien mit dem Recht auf verfassungsmäßige Bildung und Ausübung einer Opposition" (nach: H.-H. Hartwich [Hrsg.]: Politik im 20. Jahrh., Braunschweig 1964, 128 f.)

Ein Verstoß gegen die Prinzipien ist verfassungswidrig und führt zum Verbot, bzw. zur Verwirkung der Grundrechte. Es ist bemerkenswert, daß Ausdrücke wie verfassungsfeindlich oder verfassungsfern und -fremd keine Ausdrücke der Verfassung sind. Sie besitzen demnach auch nicht deren Qualität, sondern sind Ausdrücke des politischen Alltagskampfes. Durch ihre Verwendung wird allerdings ein problematischer Anschein erzeugt, nämlich als handele es sich um verfassungsangemessene Be- und Verurteilungen. Im Prinzip ist dieses Urteil jedoch den politischen Kontrahenten und Privatiers entzogen. Es ist allein beim Bundesverfassungsgericht als unabhängigem Organ institutionalisiert.

Abgelöst von dieser Monopolinstanz zur Bestimmung der Verfassungswidrigkeit und Grundrechtsverwirkung können solche Urteile keine Geltung beanspruchen. Sie sind im Sinne des Verfahrensgebots des GG höchst problematisch, da Legitimierungsfunktionen durch Gruppen okkupiert werden, die im Streit interessierte Partei sind und sich durch entsprechende, öffentlich ausgesprochene Urteile selbst den Anschein erhöhter Verfassungskonformität geben könnten und dadurch zugleich auch die öffentliche Legitimierungsfunktion des obersten Gerichts und dessen Aufgabe der Befriedung im Verfassungsstreit durch Abnutzung der Urteilskriterien auszuhöhlen vermöchten.

Verfassungswidrigkeit und Grundrechtsverwirkung entscheidet rechtsverbindlich allein das Bundesverfassungsgericht. Politische Instanzen sind dazu im Sinne der Verfassung nicht qualifiziert. Deren Versuch dazu, im Zusammenwirken mit Benachteiligung der Betroffenen, findet durch das GG keine Absicherung.

Die Bedingungen, durch die ein Verfahren zur Feststellung der Verfassungswidrigkeit und Grundrechtsverwirkung zustande kommt, sind durch Verfahrensvorschriften des Gesetzes über das Bundesverfassungsgericht geregelt.

Danach sind politische Gruppierungen *nicht* einmal berechtigt, in dieser Sache einen Antrag an das Gericht zu stellen:

„§ 36. Der Antrag auf Entscheidung gemäß Artikel 18 Satz 2 des Grundgesetzes kann vom Bundestag, von der Bundesregierung oder von einer Landesregierung gestellt werden."
„§ 43. (1) Der Antrag auf Entscheidung, ob eine Partei verfassungswidrig ist (Artikel 21 Abs. 2 des Grundgesetzes), kann von dem Bundestag, dem Bundesrat oder von der Bundesregierung gestellt werden.
(2) Eine Landesregierung kann den Antrag nur gegen eine Partei stellen, deren Organisation sich auf das Gebiet ihres Landes beschränkt."

Die Kann-Bestimmung schließt ein, daß erstens nur die genannten Organe berechtigt sind, einen Antrag auf Entscheidung zu stellen, so daß ohne diese kein Verfahren zustande kommen kann und es ihnen zweitens auch möglich ist, nicht tätig zu werden *(Opportunitätsprinzip)*.
Alternativ dazu, daß das System zur Disposition gestellt wird, erhebt sich jedoch die Frage, ob seine Strukturen seinen Intentionen soweit ent-

sprechen, daß diese erreicht und gesichert werden können. Das positiv verstandene Ziel des Grundgesetzes ist die demokratisch gesicherte Freiheit — anders als im Verfassungsverständnis der Weimarer Republik, die das Demokratieprinzip so sehr verallgemeinerte, daß sie auch deren Gegner legale Handlungen gegen das System ermöglichte. Daraus ergibt sich die Frage, ob die strukturellen Bedingungen des Systems, in wechselnden Zuständen der Differenz von Verfassungsnorm und Verfassungswirklichkeit, die Gewährleistung der Freiheit ermöglichen. Im Hinblick auf dazu notwendige Veränderungen stellt sich die Frage: Welche strukturelle Modifikationen sind innerhalb des Systems und bei dessen Geltung möglich?

Der leitende Begriff des Systems der demokratisch-repräsentativen, parlamentarischen Regierungsform liegt in der *Einheit von Regierenden und Regierten:*

Democracy is government of the people, by the people, for the people.

Es stellt sich also die Frage, ob die Strukturen des Systems dies gewährleisten oder anders, ob die Strukturen Dienstfunktion für die Erfüllung der Systemzwecke besitzen oder sich von diesen abgelöst und gegen diese verselbständigt haben. Diese Frage ist gerade deshalb an das repräsentative System zu stellen, weil es, wie in jedem Fall, auch einer zweckmäßigen Differenzierung, die Gefahr in sich enthält, daß der für ein demokratisches Regime konstitutive Konsens zwischen Regierenden und Regierten verloren geht.

Für Überlegungen zur Bearbeitung dieses Problems wäre zu bedenken, daß Formen der direkten Demokratie nur dann dem System widersprechen, wenn sie sich formal wie material gegen es wenden. Es wäre zu berücksichtigen, daß institutionell vermittelte Formen der direkten Demokratie dann nicht mehr deren Gefahren enthalten, wenn sie als institutionelles Element des Systems diesem integriert sind. Für eine Integration basisdemokratischer Elemente sprechen Durkheims Überlegungen zum Phänomen der Abweichung. Nach ihm zeigt sie ein Problem an, das mit den vorhandenen Mitteln nicht gelöst werden kann. Die wachsende Komplexität dezentraler und zentraler Bezüge im Verhältnis zur unmittelbaren Betroffenheit und den administrativen Vermittlungsfunktionen nach dem Prinzip formalisierter Anonymität kann nur reduziert werden, wenn die basisdemokratischen Bestrebungen institutionell formalisiert werden, ohne daß dabei die Gründe der Komplexität verdrängt werden.

Der Versuch, eine bestimmte Struktur dauernd zu verfestigen, ist politisch vom Übel und aus Systemgründen nicht zwingend. Er verhindert die Bewältigung des Problems der Steigerung des Veränderungspotentials, das aufgrund des Komplexitätszuwachses als Folge von Lösungsverhalten, das immer komplexer ist als das zu lösende Problem, anwächst. Die Verhinderung seiner Integration macht es politisch unkontrollierbar. Politik als integrierende Leistung hingegen begreift Abweichungen nicht als Anormalität, sondern als ein Phänomen, das im Interesse der gesellschaftlichen Sicherheit als Rahmenbedingung persönlicher Freiheit, auf seine Integrationsforderungen und -möglichkeiten hin zu überprüfen ist.

Das Abheben auf Institutionalisierung entspricht den Erfahrungen der Verfassungsgeschichte und dem neuzeitlichen, durch institutionalisierte Verfahren abgedeckten Legitimationsbegriff.

Literatur

Norbert Konegen: Politikwissenschaft. Eine kybernetische Einführung, Droste Kolleg programmiert, Droste, Düsseldorf 1973, 96 Seiten.

Es handelt sich bei diesem Text um eine Einführung in die Politikwissenschaft. Der Systembegriff spielt dabei eine überragende Rolle. Von Vorteil ist, daß hier der Begriff unmittelbar auf die politischen Institutionen angewandt wird. Dadurch wird sein Gebrauch in der Praxis sichtbar. Allerdings bedürfte es einer kritischen Auseinandersetzung durch den Leser. Als programmierte Unterweisung ist eine schnelle Einarbeitnug in die Materie ermöglicht, ohne daß Tiefe gewonnen wird.

Ludwig von Bertalanffy u. a.: Systemtheorie, Colloquium Verlag Otto H. Hess, Berlin 1972, 198 Seiten.

Herkunft und Hauptanwendungsgebiete sowie unterschiedliche Bedeutungen des Systembegriffs werden in dieser Aufsatzsammlung vorgeführt. Für den Bereich der politischen Wissenschaft wichtig — und manche derzeit aktuellen Theorien verdeutlichend — sind die Hinweise auf das in der Systemtheorie entwickelte Entscheidungsmodell und auf die Konfliktstrategie. Dabei wird klar, daß der Konfliktbegriff nicht notwendigerweise klassenantagonistisch ist, sondern eine Strategie meint, die einen Krisenzustand legitimer Interessenauseinandersetzungen zu vermeiden sucht.

2. Systembedingungen der Bürgeraktivität

Das hochkomplexe System der Gewaltenteilung und der Legitimation von politischer Herrschaft in der Bundesrepublik Deutschland ist durch Verfahren organisiert, die zugleich eine Gewährleistung des Systems darstellen. Gegen die Unmittelbarkeit von Herrschaftsinteressen bei Trägern der Herrschaftsmacht ist das bürokratische System immunisiert durch seine Orientierung an Verfahren, den hierarchischen Aufbau mit seinen wechselnden Kontrollinstanzen, die Bindung an Recht und die Unterordnung unter an Recht und Funktionsteilung gebundene repräsentative Organe.

Gegen diese positiv anmutende Beschreibung des institutionellen Gefüges in unserem Staat wird — im Anschluß an amerikanische Analysen — vor allem von Urs Jaeggi ein Machtkartell behauptet, das einen fließenden Übergang struktureller und persönlicher Art zwischen den verschiedenen Funktionen möglich macht, so daß die für den Bürger positiven Momente differenzierter Organisation staatlicher Machtausübung im Rücken der legalistischen Organisation — also im informellen Bereich — durch ein Kartell der Macht aufgelöst würden. Für diese Position ist die Rede vom demokratischen Rechtsstaat ideologisch. Für sie sind Bürgerinitiativen dann positiv, wenn sie, in welchem Rahmen auch immer, gesellschaftlich normierten Machtgebrauch durchbrechen, weil sie damit auch das Kalkül der Kartellinhaber stören und das daraus abgeleitete gesellschaftliche Gefüge hintergehen.

Jedoch liegt das Problem des Verhältnisses zwischen *Bürger, repräsentativen Systems* und *Verwaltung* auf einer anderen Ebene:

Anonym funktionierende Verwaltung und Administrationen bilden persönlichkeitsunabhängige Entscheidungen und Handlungen aus, die in keinem Zusammenhang mehr mit den Betroffenen und deren Bedürfnissen zu stehen brauchen. Aus dem Funktionszusammenhang der Bürokratie und deren Kritik erklärt sich die Aktualität von Bürgerinitiativen.

Im kybernetischen Modell von Verwaltungshandlungen und politischer Organisation wird die Leistung der Verwaltung und Administration wesentlich in der Reduktion von Störfaktoren gesehen. Störfaktoren sind hier alle diejenigen Erscheinungen, die mit dem institutionalisierten oder vorgesehenen Verwaltungshandeln nicht deckungsgleich sind. Wenn die Störfaktoren klein genug sind, werden sie vernachlässigt. Bei mittlerer

Bedeutung oder Verdacht auf Weiterung wird versucht, sie durch administrative Akte, etwa Ordnungsverfügungen, Klage vor Gerichtt, Verweigerung von Genehmigungen, in ihrer offensichtlichen Störtätigkeit zu reduzieren. In anderen Fällen tendiert die Verwaltung zum Zwecke der Funktionstüchtigkeit auf Machtausgleich zwischen interessierten Großgruppen. Deren Größe braucht dabei nicht zahlenmäßig quantitativ bestimmt zu sein. Es genügt ein entsprechendes Quantum an mobilisierbarer Macht.

Diese Art der Planungsentscheidung und des Verwaltungshandelns, die sich aus ihrer Definition, daß sie gegenüber divergierenden Interessengruppen ausgleichend im Sinne des Gemeinwohls zu handeln habe, strukturell erklärt, führt schließlich dazu, daß private Existenzweisen, d. h. solche, die sich nicht öffentlich artikulieren, keine oder äußerst geringe Berücksichtigung im Verwaltungshandeln finden. Denn im Prozeß der Drücke und Gegendrücke konkurrierender Interessen wird das administrative Handeln in die Aufgabe des Ausgleichs vollständig eingespannt. Der politischen wie administrativen Entscheidung mangelt es an einer über augenblickliche Aktualität hinausgehenden Verbindlichkeit — und sei es nur in Form eines Konsens, also einer selbstgeschaffenen gemeinsamen Grundlage. Diese ist höchstens negativ, indem sie benennt, welche Mittel — mindestens temporär unter Ausschluß der Krise der zugelassenen Mittel — nicht angewandt werden sollen.

In diesem Zusammenhang kommt es dann zu der Feststellung:

„Durch mangelnden Interessendruck bleiben ... bestimmte gesellschaftliche Bereiche unterversorgt, obwohl sie grundsätzlich staatlicher Regelung unterliegen, oder sie werden staatlich geregelt, ohne daß die Betroffenen ihre Interessen und Bedürfnisse angemessen geltend machen können" (Horst Zilleßen: Bürgerinitiativen im repräsentativen Regierungssystem, in: Aus Politik und Zeitgeschichte, B 12/74, 6).

Im Anschluß an Habermas, ,Strukturwandel der Öffentlichkeit', interpretiert Zilleßen Bürgerinitiativen als solche Aktivitäten, die grundsätzlich keine Beteiligung an Herrschaft anstreben. Vielmehr wollten sie Herrschaft als solche verändern, indem sie eine größere öffentliche Kontrolle fordern. Unvermittelt dazu steht die Tatsache, daß Bürgerinitiativen selbst versuchen, über Wählergemeinschaften an der Herrschaftsfunktion der repräsentativen Organe, vor allem auf der Ebene der Kommunalparlamente, teilzunehmen.
Die Bürgerinitiativen, die politisch werden, haben jedoch erkannt, daß

Herrschaft sich nicht von selbst ändert, daß es Interessenten für sie gibt, die konkurrieren, und daß sie eingebunden ist in ein Funktionsgeflecht, das sie durch seine institutionelle Absicherung und Legitimation im repräsentativen System stabilisiert. Daraus resultiert dann das Interesse, sich im System der Herrschaftsausübung zu etablieren oder doch zumindest einen institutionell abgesicherten Zugang dazu zu verschaffen. Damit aber geraten Bürgerinitiativen in das Dilemma, selbst Organ eines administrativen Gefüges zu werden, das sich gegenüber ‚bedürfnisorientierten Prozessen' vergleichgültigend verhält. Außerdem wirkt sich die Einbindung in das System ‚wehrhafter Demokratie' modifizierend auf ein vielleicht unreflektiertes Streben nach direkter Herrschaftsausübung aus. Ursprünglich intendierte systemsprengende Absichten werden funktional reduziert.

Die Entscheidung, sich auf's System einzulassen, führt in der Regel dazu, sich auf die Funktionsmechanismen einer funktional wie legalistisch komplex angelegten Gesellschaft einlassen zu müssen, in der wechselseitige Kontrollen vielfältiger Art tendenziell die Verabsolutierung eines partikularen Standpunktes verhindern.

Dies funktioniert jedoch dort nicht mehr, wo durch massenhafte Okkupation der Entscheidungszentren und durch Mangel alternativer Potenzen die Funktionen monopolisiert sind. Deshalb sind Großgruppen, die entschieden genug zur Macht drängen, für den Bürger gefährlich — auch dann, wenn sie den legal gesicherten Marsch durch die Institutionen antreten. Jedoch ist dieser Gang nicht typisch für das Verhalten, das als Bürgerinitiative bezeichnet wird.

Mit der Wendung der Initiativen zur Herrschaft ist eine *doppelte Problematik* gegeben:

— Die Verdinglichung der Herrschaft und deren Übertragung auf die Herrschaftssubjekte führt dazu, daß Bürgerinitiativen, die sich einmal auf diesen Prozeß eingelassen haben, sich gegenüber denjenigen entfremden, die sie ursprünglich unmittelbar zu vertreten behaupteten. Außerdem ist überhaupt nicht gewährleistet, daß sie eine hinreichende Menge von Bürgern vertreten — erst recht nicht alle. Damit aber ergibt sich die Problematik aufs neue, wie sich mangelnder Interessendruck und die daraus folgende Benachteiligung kompensiert.
— Die Herrschaft selbst wird zum Problem, weil sie nicht generell zur Disposition gestellt wird. Es handelt sich vielmehr um Akte

der Herrschaftsübernahme, die selbst wieder einer Überprüfung auf das Herrschaftsinteresse bedürfen und dies um so mehr, da es sich, wenn auch nicht um illegale oder unlegitimierte Herrschaftsübernahme handelt, die Herrschaft womöglich doch irregulär oder durch ein zuvor unbekanntes Subjekt übernommen wurde. Häufig gibt es sich mit Hilfe basisdemokratischer Argumentation auch noch den Anschein höherer Legitimation gegenüber dem komplexen System der repräsentativ ausgeübten Herrschaft. Das im bundesrepublikanischen Verfassungssystem formalisierte Mißtrauen gegen den ‚guten Willen des Volkes' wird hier zugunsten einer umgekehrten Argumentation durchbrochen. Im Anschluß an historische Erfahrungen bedarf nicht nur das administrative Handeln besonderer Aufmerksamkeit, sondern gerade das durch kein Kontrollsystem bestimmte Handeln vorgeblich selbstinteressierter oder auch gemeinwohl-orientierter Gruppen. Letztere bedürfen womöglich noch mehr der Aufmerksamkeit, da sie sich eines Begriffes bedienen, der inhaltlich nicht gefüllt ist. Er steht im gesellschaftlichen Prozeß zur Disposition und ist deshalb auch leicht okkupierbar.

Bürgerinitiativen entstehen bei Mangel an Verwaltungtätigkeit
— also aus Gründen der Vernachlässigung
— oder wenn gegen die Betroffenen entschieden worden ist
zu wessen Wohl diese Entscheidung auch immer gewesen sein mag.
Die parlamentarische Verantwortung der Verwaltungsspitzen ist ein Versuch, einen Schutz gegen vereinseitigende Verselbständigung auszubilden.
Das Entstehen von Aktivitäten weist auf Mängel im repräsentativen System hin. Denn der Schutz ist dort schwach, wo die Vermischung zwischen administrativer und kontrollierender Funktion durch das Anwachsen der Zahl administrativer Funktionsträger in den Kontrollinstanzen der repräsentativen Organe zunimmt, so daß auch dann, wenn die Funktionen zeitlich nicht identisch sind, die Aufgabenstellung und Funktionsweise der Verwaltung durch ehemalige Verwaltungsangehörige oder Verwaltungsgeschulte, wie z. B. Juristen, im Parlament Priorität erhält. Damit aber gewinnt das technische Element der Mittelwahl oder der Verfahren Vorrang vor den Zieldefinitionen.
Eine andere Möglichkeit des Vorrangs der Verwaltung vor den repräsentativen Organen ist die technisch bedingte Herrschaft über die Informationsmittel und die Herrschaft über die Einsatzmittel der Entscheidungsfindung und Modellplanung.

Am Samstag, dem 17. Januar '76, berichtete der „Kölner Stadt-Anzeiger", daß der Oberstadtdirektor, trotz mehrmaliger Mahnung durch den Oberbürgermeister, seiner Auskunftspflicht in einer konkret bezeichneten Sache nicht genügt habe. Da der Oberbürgermeister vom ‚Hören-Sagen' Kenntnis über weitere Vorgänge in der angemahnten Sache hatte, die Verwaltung jedoch nicht, wie es ihre Pflicht gewesen wäre, von selbst Mitteilung an den Vorsitzenden des Kommunalparlaments gemacht hatte, forderte der Oberbürgermeister Akteneinsicht. Dem Bericht nach soll der Oberbürgermeister jedoch dementiert haben, daß es einen Krach zwischen ihm und dem Verwaltungschef gebe.

Die Ohnmacht der repräsentativen Institutionen ist zugleich auch die Ohnmacht der Bürgerinitiativen, obgleich sie, da nicht in das System der wechselseitig abhängigen Funktionen eingebunden, einen größeren Handlungsspielraum besitzen. Bürgerinitiativen zeigen zwar einerseits Defizite im administrativen Handeln an, andererseits aber auch die Bereitschaft der Betroffenen, durch eigene Leistung den Mangel zu kompensieren. Um diesen Stellenwert der Bürgerinitiativen geht der Streit der Interpretation. Denn gegen die Möglichkeit, daß die Defizite kompensieren, kann auch angenommen werden, daß sie von vornherein systemsprengende Kraft entwickeln oder die Sprengung geradezu zum Zweck haben.

Die Entscheidung der Frage, ob eine Bürgerinitiative systemsprengende Tendenzen verfolgt, dürfte einerseits von deren Intention und dazu tauglicher Organisation abhängen — eine lokale Initiative wird nicht das sog. kapitalistische System sprengen können — andererseits aber auch vom Standpunkt des Interpreten her bestimmt sein.

In keinem Fall kann angenommen werden, daß Bürgerinitiativen generell gegen das etablierte System der parlamentarischen Repräsentation gerichtet sind. Zwar hebt Art. 21 GG die Parteien als politischen Wilsensbildungsfaktor hervor, aber doch nur in der Form der Mitwirkung. Andere Kräfte sind ebenso zugelassen.

Der Zusammenhang der Bürgerinitiativen mit dem System ist viel komplexer. Von Kritikern, die die Initiativen als bürgerliche Selbsttäuschung betrachten, wird kritisiert, daß Bürgerinitiativen als Indikatoren für die Verwaltung dienen, an denen sie ablesen kann, wo sie tätig werden muß. Danach wäre die Nichtaktivität, als Voraussetzung eines Totlaufens administrativer Handlungen oder chaotischer Zustände, weil nichts mehr ausgemacht werden kann, was handlungsbestimmend sein könnte, systemsprengend und nicht die eigenverantwortliche Tätigkeit der Bürger. Außerdem kann sich eine Parlamentariergruppe oder eine Verwaltung der Bürgerinitiative wenn nicht als Argument, so doch als eines wesentlichen Unterstützungsfaktors im Rahmen der öffentlichen Meinung bedienen. Sie ist solcherart im System hilfreich:

— Bürgerinitiativen werden zum Argumentationsmittel gegen die Versuche starker Interessenten, Entscheidungen zu okkupieren.
— Bürgerinitiativen schaffen Präzedenzfälle, die zu alternativem administrativem Handeln veranlassen. Sie sind somit ein Mobilitätsfaktor für ansonsten gleichförmig-konservatives Planen und Entscheiden.
— Weiterhin ist die Aufgabenstellung der Administration im Staat der Daseinsvorsorge (Ernst Forsthoff) durch eine unendliche Fülle gekennzeichnet. Aus Mangel an Entscheidungskriterien und als Folge der Mittelbeschränkung wird die Verwaltung nach dem Gießkannenprinzip — außer aus Gewohnheit — häufig nur dort tätig, wo ein Problem auf den Nägeln brennt. Verwaltung reagiert hier auf einen Interessendruck, der für ihre Aktivität einen Indikator darstellt.

Die Problematik der Bürgerinitiativen liegt auf einer anderen Ebene, und zwar genau dort, wo die Kritiker des etablierten Systems ansetzen, die ihm vorwerfen im Machtgebrauch nicht transparent zu sein:

Das Problem auch einer nur auf lokale Wirkung begrenzten Aktivität besteht in der Okkupation dieser Aktivität durch Machtinteressierte, die das ursprüngliche Interesse der Bürger nur als Vehikel benutzen, um ein Ziel zu erstreben, das bei eindeutiger Nennung innerhalb der Bürgerschaft nicht konsensfähig wäre und deshalb keine Unterstützung fände.

Eine andere Möglichkeit der Korruption besteht in der Verfälschung der bürgernahen Funktion der Initiative durch vorgetäuschte Direktheit, so als ob es eine „Bürgerinitiative" wäre. Plumpeste Beispiele dafür sind Wahlanzeigen, in denen Bürger gesucht werden, die sich an einer Wählerinitiative beteiligen wollen, wobei die Lenkung nicht bei interessierten Bürgern selbst liegt, sondern parteizentral organisiert wird und Funktionäre der Parteiorganisation als unmittelbar interessierte Bürger zu agieren versuchen. Darin zeigt sich jedoch auch, daß Parteien erkannt haben, wie attraktiv Bürgerinitiativen wirken können und daß in ihnen ein Potential wirksam ist, das ihnen wiederum mangelt.

Literatur

Peter Cornelius Mayer-Tasch: Die Bürgerinitiativbewegung, rde 374, Reinbek bei Hamburg 1976, 184 Seiten.
Unter rechts- und politikwissenschaftlichen Gesichtspunkten wird eine umfassende Einführung in Grundprobleme der Bürgerinitiativen im modernen Staat

gegeben. Außerdem wird zusätzlich zur grundsätzlichen Einführung und Erörterung über Strategie und Taktik wie zukünftige Perspektiven berichtet.

Colberg/Männle: Kleine Fibel für die politische Praxis, Beck'sche Elementarbücher, München 1974, 176 Seiten.

Es handelt sich um einen praktischen Ratgeber, der für Bürger geschrieben ist, die an der Wahrnehmung ihrer Rechte interessiert sind. Als Hilfsmittel zur Praxisanleitung, bzw. zur Information darüber, unter welchen Bedingungen Handlungserfolge erzielt werden können, ist dieser Text instruktiv. Da er weniger an basisdemokratischen Modellen orientiert ist als an der Tatsache, daß der politische Wille sich im repräsentativen System über die Parteien bildet, liegt sein Schwergewicht auf Informationen über die Möglichkeit dort ‚mitreden, mitbestimmen, mitentscheiden' zu können.

Sebastian Haffner u. a.: Bürger initiativ, Deutsche Verlagsanstalt, Stuttgart 1974, 147 Seiten.

Neben grundsätzlichen Überlegungen zum Standort der Bürgerinitiativen in der modernen Gesellschaft und ihrer repräsentativen Verfassung werden einige Initiativen vorgestellt. Außerdem enthält die Veröffentlichung einen instruktiven Beitrag zur Organisation von Bürgerinitiativen.

III. Formen demokratischer Verfassung

1. Gewaltenteilende Funktion des Parlaments durch Repräsentation

Der Versuch einer Einführung in Formen demokratischer Verfassung wird sich in der Gegenwart wesentlich mit der parlamentarischen Form des Verfassungsstaates beschäftigen müssen, da sie die entfaltetste Verwirklichung der demokratischen Idee darstellt. Auch Regime, die sich als Weisen der Verwirklichung direkter Demokratie verstehen, entwikkeln doch zumindest pseudoparlamentarische Repräsentationsformen der regierten Gesamtheit.

Die Kritik an der parlamentarischen Demokratie hat es selbst nicht wesentlich weitergebracht als über die Diskussion des imperativen Mandats den Versuch zu unternehmen, die parlierenden Delegierten an die Interessen und Aufträge der Delegierenden zurückzubinden, ohne allerdings in der Praxis dafür einen wesentlichen Erfolg vorweisen zu können. Denn überall dort, wo auf Formen der direkten Demokratie verwiesen werden kann, die nach dem Selbstverständnis der Vertreter dieser Regierungsform fortschrittlicher ist als die parlametarische, erweisen sich die Formen der direkten Demokratie als Substrate politischer Subkultur. Die Macht liegt in der Regel nicht bei ihnen selbst, sondern bei Komitees, Kongressen oder Zentralräten und deren Führern.

Für die praktische Wirksamkeit des parlamentarischen Systems ist entscheidend, daß es nicht nur der Form nach in der Verfassung deklariert ist, sondern pragmatisch

— eigenes Recht besitzt, also selbst Souverän ist,
— daher die Regierung entweder aus sich hervorgehen läßt oder ihr selbständig gegenüber steht,
— Opposition als mögliche Gegenregierung verfassungsrechtlich garantiert ist und praktisch ausgeübt wird, so daß die parlametarische Mehrheit stets wechseln kann und somit auch eine Beauftragung auf Zeit zum konstitutiven Merkmal gehört (vgl. Abb. 10).

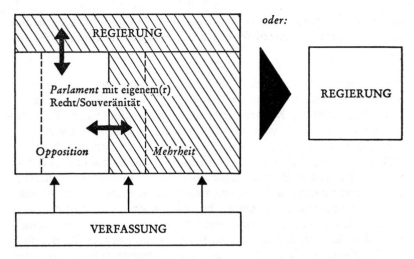

Abbildung 10: Parlamentarische Regierung

Die subtile Rechtfertigung des Parlamentarismus leitet sich aus dem Mißtrauen gegenüber der Macht ab. Der Parlamentarismus mediatisiert sie in folgender Weise: Er kennt weder die Identität von Staat und Gesellschaft wie in jener Theorie, die die Differenzierung zugunsten der direkten Machtausübung durch eine mit sich selbst identische Gesellschaft verwirft, noch verlagert er die Macht in das Zentrum des Staates als einer Entgegensetzung gegen eine an sich gefährliche Masse.

Der parlamentarischen Doktrin ist sowohl die Masse suspekt wie die Macht-Elite. Sie gehören daher unter Kontrolle, wobei nicht geleugnet wird, daß im Unterschied zur Macht der Massen die Macht der Eliten sich in den Bereich des Verborgenen (Arkanum) zurückzuziehen vermag, was immer subtilere Organisationsformen und komplexere Kontrollmechanismen im parlamentarischen System notwendig macht. Andererseits jedoch haftet der Macht der Massen der Ruch der Unberechenbarkeit an. Beides erscheint der parlamentarischen Theorie gefährlich und notwendigerweise zu vermeiden.

Die speziellen Formen der Demokratie, die Rätedemokratie, die Präsidialdemokratie und das Schweizer Direktorium können vernachlässigt werden, weil sie der Wirklichkeit der Bundesrepublik Deutschland nicht entsprechen. Jedoch bedeutet das nicht, daß deren Erscheinungsweisen und theoretische Begründung nicht mitzudenken wären — vor allem dort, wo die Reform der demokratischen Verfassung zum Thema wird. Entsprechend der Bestimmung, daß das Parlament eigenes Recht besitzt und an der Bildung des Staatswillens selbständig mitwirkt, können die oben genannten Demokratieformen aus der Betrachtung ausgeschlossen werden.

„Von einer parlamentarischen Regierungsweise läßt sich in den Vereinigten Staaten wegen der fehlenden Interorgankontrollen zwischen Präsident und Kongreß ebensowenig sprechen wie im Regime der fünften Republik, weil hier die Befugnisse des Parlaments gegenüber Staatschef und Regierung in praxi derart geschwächt sind, daß die aktuelle Politik autoritär gemacht wird. Selbst das Verhältnis der Schweizer Bundesversammlung zum Bundesrat verbietet, von parlamentarischer Regierungsweise zu sprechen. Erst wo ein solches Gleichgewicht besteht, daß keines der Staatsorgane den Staatswillen ohne das andere bilden kann, und das Parlament zwar nicht das Monopol der politischen Führung hat, aber für die Bildung der jeweiligen politischen Entscheidung unentbehrlich ist, herrscht parlamentarische Regierungsweise" (K. Kluxen: Zur Theorie des Parlamentarismus, in: Parlamentarismus, Köln 1969, 24).

Die parlamentarische Demokratie der Gegenwart ist zugleich die Parteidemokratie. Mit dieser ist das Parlament als Institution dann gegeben, wenn die Identitätsthese — Identität von Volk und Partei — fragwürdig ist, so daß von einer unmittelbaren, imperativen Beauftragung durch das Volk nicht geredet werden kann, weil das Subjekt der Beauftragung selbst in Frage steht. Denn genausowenig wie es „die" Gesellschaft gibt, die vielmehr ein Ensemble von Verhältnissen ist, die Individuen eingehen, gibt es nicht „das" Volk. Es selbst und sein formierter Wille als Staatswille bedarf eines Mediums der Vermittlung. Als solches fungiert das Parlament. In diesem Verstande löst das Parlament das Probleme der Kooperation divergierender Gruppen. Es ist daher auch nicht an die Identitätsthese gebunden, zu der sich C. Schmitt, aber auch G. Leibholz verstiegen haben.

Die Identitätsthese dürfte sich abgewandelt vielmehr nur auf die Parteien anwenden lassen. Sie vertreten jenen Teil des Volkes, der sich durch sie vertreten lassen will und dies durch Mitgliedschaft und/oder Wahl zum Ausdruck bringt. Unter der Voraussetzung, daß die Parteien die Interessenten an sich binden, deren Interessen sie artikulieren, dürfte eine Identität zwischen Repräsentierten und Repräsentanten behauptet werden. Damit ist das Parlament jedoch von der anstrengenden Forderung entlastet, stets und in allem den Willen des ganzen Volkes widerspiegeln zu müssen. Diese Aufgabe ist vielmehr an die Parteien übergegangen

und dort auch nur mit der Maßgabe einer partiellen Darstellung des Volkswillens, nämlich entsprechend dem *Parteiprogramm* und der zustimmenden *Wählerschaft.* Aus diesem Grunde wird *zweierlei* wichtig:
— Für die Parteien die Wahlanalyse, die nicht nur der zukünftigen Wahlstrategie dient, sondern auch zur Legitimierung.
— Für das System die Möglichkeit der Ablösung, weil die Majorisierung der unterlegenen Minderheit zumindest durch die Hoffnung zukünftiger Majorität aufgehoben werden muß und die Institutionalisierung des Kompromisses.

Für den Wähler besteht in dieser Differenzierung ein Vorteil darin, daß es sich bei seinen Entscheidungen nicht um Fragen der Zugehörigkeit oder Nichtzugehörigkeit zur Volksgemeinschaft handelt. Bei wechselnden Interessen und Zustimmungen steht diese im parlamentarischen System überhaupt nicht zur Debatte, was Aspekte der Freund-Feind-Unterscheidung im innerstaatlichen Bereich wesentlich entschärft. Es geht eben nicht um die Unterscheidung von ‚in‘ und ‚out‘ wie Karl Jaspers in seiner Kritik der Bundesrepublik meinte. Es handelt sich bei den Akklamationsakten der Wahl vielmehr darum, den Programmen der Parteien — ob sie nun durch Machteliten gesteuert werden oder nicht — lediglich eine befristete Legitimation zu erteilen. Wilhelm Hennis nach hat der Wähler diese seine Funktion, im Unterschied zu theoretisierenden Politologen erkannt, auch dort, wo er öffentlich und laut Widerspruch gegen parlamentarische Eigenmächtigkeiten erhebt — ja, gerade dann.

Das gewaltenteilende Element im weitesten Sinne ist für das demokratische Selbstverständnis konstitutiv. Sein Effektivitätsbegriff ist die Ermöglichung der Freiheit aller vor jedem wie immer gearteten Monopolanspruch der Macht. Die Voraussetzungen zu dieser Forderung sind vielfältig begründet und reichen vom ideellen Bereich der Verwirklichung des geglückten Menschseins bis zum materiellen Bereich des stetig steigenden Gewinns.

Benthams Glück der großen Zahl ist das konstitutive Element des bürgerlichen Demokratieverständnisses, was immer dieses Glück auch sein mag. Auf jeden Fall ist es keines, das sich kollektiv bestimmen ließe, sondern immer das des Einzelnen, das gesellschaftlich-politisch zu gewährleisten und zu garantieren ist. Das *Parlament* hat nun die *Aufgabe*:
— die inhaltlichen Bedingungen des Glücks zu ermitteln und so zu organisieren, daß im Prinzip niemand in seiner Konkretisierung beeinträchtigt ist,
— die formalen Kriterien der individuellen wie kollektiven Verwirklichung der inhaltlichen Bedingungen zu ermitteln,
— Kontrolle über die Art und Weise der Verwirklichung auszuüben.

Es ist dabei an überkommene *Grundsätze* gebunden:
— Achtung vor den Menschen- und Grundrechten, einschließlich der prinzipiellen Gleichheitsidee.
— Rechtsstaatlichkeit als ordnungspolitischer Ausdruck des Gleichheitsdenkens.
— relativ freie und gleiche Betätigungsmöglichkeit für zumindest alle auf ihrem Boden stehenden Organisationen.
— Freiheit der Opposition.
— politische Verantwortlichkeit und Kontrolle aller Machtträger.

2. Wurzel des Parlamentarismus

Die Wurzel des Parlamentarismus geht auf die Idee der Konkurrenz und der Vermittlung der Konkurrenz bzw. der Herbeiführung einer Entscheidung zurück. Dabei kann — wie im französischen Verfassungswesen der vorrevolutionären Zeit — die Konkurrenz in der prinzipiellen Trennung von nationalstaatlich orientierten Monismus des absolutistischen Königs einerseits und der Aufteilung in verschiedene Interessengruppen, den Ständen, bestehen. In diesem Falle übte die parlamentarische Instanz einerseits eine Registrierungsfunktion der königlichen Akte, somit auch die Möglichkeit der Kontrolle aus, zum anderen wurde sie zur Institution der ständischen und regionalen Interessen.
Stärker als in Frankreich spielt in der Ausbildung des angelsächsischen Parlamentarismus das Moment der Konkurrenz eine Rolle. Im englischen Parlamentarismus wird das Interesse einzelner Mitglieder gesellschaftlicher Gruppen gruppenintern kompromißfähig und damit konsensfähig gemacht und schließlich dem König gegenüber vertreten. Dabei bildet sich idealtypisch der Gegensatz von Gemeinwohl als monarchischem Prinzip und Sonderwohl als Ausdruck der Ständeinteressen aus, den es in einem Gesamtwillen aufzuheben gilt (vgl. Abb. 11).
Die Aufgabe für das englische Parlament und damit für jeden ihm nachgebildeten *Parlamentarismus* lautet also:

Die Idee des Gemeinwohls wie das diesem womöglich widerstrebende Sonderwohl partikularer und nichtidentischer Gruppen in einen solchen Einklang zu bringen, daß die Konsequenzen politisch regulierbar bleiben.

Der Unterschied der französisch-kontinentalen Tradition gegenüber dem englischen Beispiel besteht darin, daß die französisch-kontinentale Tra-

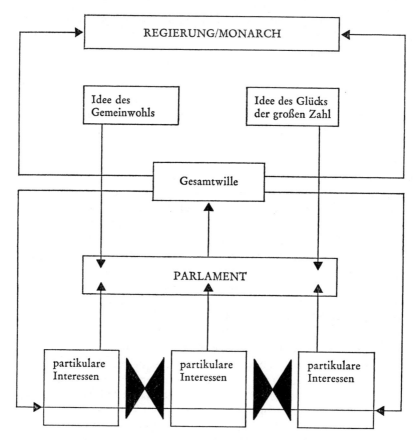

Abbildung 11: Partikularwille und Gemeinwohl

dition die Empirie des Gemeinwohls mit der Idee des Gesamtwillens identifiziert. Dieser gegenüber bleiben die Engländer auf einem Standpunkt partikularer Richtigkeit, in dem sie das Glück der großen Zahl, nicht das geglückte Leben aller, zum Kriterium des Verfahrens machen. In der französischen Tradition ist die Idee des Gemeinwohls wesentliches Merkmal der politischen Diskussion. Sie spielt sich im Jakobinismus — im Anschluß an Rousseau — als Identitätswillen zur Errichtung und Vollstreckung der volonté générale auf. Im Begriff der volonté générale aber ist eine metaphysische Problematik enthalten, und zwar die der wahren Richtigkeit und der ungeteilten Allgemeinheit.

Sofern das Parlament nicht so sehr die Interessen zum Ausgleich zu bringen versucht, sondern Instanz der Bildung der volenté générale — natio-nalistisch gefärbt: des Volkswillens — ist, wird es als *Instanz der Wahr-heitsfindung* angesprochen.

Der *heutige Parlamentarismus* hat also *zwei Wurzeln:*
a) Er ist Einrichtung zur Interessenvertretung und Instanz des Interes-senausgleichs (britisch).

b) Er ist Einrichtung von Öffentlichkeitsrang zur Bestimmung des All-gemeinwohls, des Allgemeinwillens, letztlich der Wahrheit, die gilt oder gelten soll.

„Die Ratio des Parlaments liegt nach der treffenden Bezeichnung von Rudolf Smend im „Dynamisch-Dialektischen", das heißt in einem Prozeß der Auseinandersetzung von Gegensätzen und Mei-nungen, aus dem sich der richtige staatliche Wille als Resultat er-gibt. Das Wesentliche des Parlaments ist also öffentliches Verhan-deln von Argument und Gegenargument, öffentliche Debatte und öffentliche Diskussion, Parlamentieren, wobei zunächst noch nicht an Demokratie gedacht zu werden braucht. Der absolut typische Gedankengang findet sich bei dem absolut typischen Repräsentan-ten des Parlamentarismus, bei Guizot. Ausgehend vom Recht (als dem Gegensatz zur Macht) zählt er als Wesensmerkmale des die Herrschaft des Rechts garantierenden Systems auf:
1. daß die „pouvoir" immer gezwungen sind, zu diskutieren und dadurch gemeinsam die Wahrheit zu suchen;
2. daß die Öffentlichkeit des ganzen staatlichen Lebens die „pou-voir" unter die Kontrolle der Bürger stellt;
3. daß die Pressefreiheit die Bürger veranlaßt, selbst die Wahrheit zu suchen und sie dem „pouvoir" zu sagen. Das Parlament ist infolgedessen der Platz, an dem die unter den Menschen ver-streuten, ungleich verteilten Vernunftpartikeln sich sammeln und zur öffentlichen Herrschaft bringen. Das scheint eine typisch ra-tionalistische Vorstellung zu sein. Doch wäre es unvollständig und ungenau, das moderne Parlament als eine aus rationalisti-schem Geist entstandene Institution zu definieren. Seine letzte Rechtfertigung und seine epochale Evidenz beruhen darauf, daß dieser Rationalismus nicht absolut und unmittelbar, sondern in einem spezifischen Sinne relativ ist. Gegen jenen Satz von Guizot hatte Mohl eingewendet: Wo ist irgendeine Sicherheit, daß ge-rade im Parlament die Träger der Vernunftbruchstücke sind? Die Antwort liegt in den Gedanken der freien Konkurrenz und der prästabilierten Harmonie, die allerdings in der Instiution des

Parlament, wie überhaupt in der Politik, oft in kaum erkennbaren Verkleidungen auftreten" (aus Carl Schmitt: Die geistesgeschichtliche Lage des heutigen Parlamentarismus, 3. Aufl. Berlin 1961).

Während in der Theorie von Carl Schmitt das Parlament eine Stelle der Identität ist, in der sozusagen durch Widerspiegelung die Repräsentanten identisch mit den Repräsentierten in ihrer Gesamtheit sind und aus dem Mangel an tatsächlicher Identität ein Niedergang des Parlamentarismus folgert, wird bei G. Leibholz die Identität auf die Parteien verschoben und statt des inhaltlichen Prinzips der Identität wird ein numerisches fixiert. Im modernen Parlamentarismus bilden sich die Elemente des Parteienstaates. Hier wird das Parlament zu einer sekundären Funktion, denn: der moderne Parteienstaat ist seinem Wesen und seiner Form nach nichts anderes als eine rationalisierte Erscheinungsform der plebiszitären Demokratie oder eine Ableitung der direkten Demokratie im modernen Flächenstaat. Die volenté générale wird nicht mit Hilfe des Prinzips der Repräsentation, sondern der Identität gewonnen: Wie in der unmittelbaren Demokratie der Wille der Mehrheit der Aktivbürgerschaft mit dem Willen des Volkes identifiziert wird, wird in der parteienstaatlichen Massendemokratie der Wille der jeweiligen Parteienmehrheit im Parlament bzw. in der Regierung mit der volenté générale gleichgesetzt. Eine Gegenüberstellung von Volk und Partei ist im modernen, demokratischen Parteienstaat nicht aufrecht zu erhalten. Die Parteien sind quasi das selbstorganisierte Volk in seinen Teilen. Allerdings wird dieses Volk durch die Parteien in ihrem Bemühen, heterogene Teile zu vereinigen, mediatisiert. Diese Mediatisierung des Volkes durch die Parteien gehört zum Wesen des modernen demokratischen Parteienstaates. Man kann sie nicht als politische Entmachtung des Volkes beklagen, vielmehr gewinnt der undifferenzierte Wille des Volkes, als Wille von Einzelnen und nichtartikulierter Willensinhalt durch die intermediären Organe, den Parteien, einen bestimmten nach Verwirklichung drängenden Ausdruck. Im System des Flächenstaates der Massengesellschaft werden die Parteien zu den entscheidenden Instanzen der Ausbildung von Identitäten.

Das bedeutet eine Veränderung des Parlamentarismus. Das Parlament ist nun nicht mehr Institut des öffentlichen Austrags von Argumenten zur Wahrheitsfindung und auch nicht mehr Stätte der Ermittlung der gemeinsam tragenden Interessen, sondern seine Funktion wird die des Austauschs der Parteimeinungen — der Fraktionsbeschlüsse.

Das Parlament war traditionell, liberalistisch-bürgerlich die Institution des durch Personen getragenen Austausch von Argumenten. Das Ziel war, das jeweils von der Meinung abweichende Mitglied des Parlament von der Unrichtigkeit seiner Auffassung zu überzeugen.

Machen von der Vernunft begabte Persönlichkeiten von ihrer Fähigkeit einen sachgerechten, d. h. vernünftigen Gebrauch, so kann eine solche Diskussion einen schöpferischen oder konstruktiven Charakter beanspruchen ... Dem Volk soll vermittels der Öffentlichkeit der Diskussion die Gewißheit vermittelt werden, daß die im Lichte einer „höheren Vernunft gefaßten Beschlüsse für das Volksganze von besonderer Qualität sind. Diskussion und Öffentlichkeit sind so nicht zufällig als die geistesgeschichtlichen Grundlagen des repräsentativen Parlamentarismus bezeichnet worden (Gerhard Leibholz: Repräsentativer Parlamentarismus und parteienstaatliche Demokratie, in: Parlamentarismus, a. a. O., 350) (vgl. Abb. 12).

Diese personenorientierte Funktion des Parlaments ist vorbei. Es wird zu einer Stätte, an der sich gebundene Parteibeauftragte treffen und außerhalb des Parlaments getroffene Entscheidungen wechselseitig mitteilen und registrieren lassen, wobei es durchaus vorkommen kann, daß die Entscheidungen längst außerhalb des Parlaments ratifiziert wurden und der Handel zwischen den Parteien quasi durch Zufall öffentlich wird. Die parlamentarischen Debatten sind bestimmt durch die Verlesung von Reden, die durch Partei und Fraktionen festgelegt wurden. Sie erheben nicht den Anspruch, die im Parlament sitzenden politisch Andersdenkenden durch bessere Argumente überzeugen zu wollen. Die Wahl ist in diesem modifizierten Parlamentarismus keine persönliche Delegation mehr, sondern plebiszitärer Akt, in dem die in und durch die Parteien zusammengefaßte Aktivbürgerschaft ihren politischen Willen zugunsten der von den Parteien benannten Mandatsbewerber kundgibt und hierdurch entweder den Regierungskurs bestätigt oder verwirft. In diesem System wird daher nicht mehr nach Mehrheiten im klassischen Verstande entschieden, sondern jede Wählergruppe beauftragt in der Wahl ihre Partei mit der Regierungsbildung. Es kann daher keine Verfälschung des Wählerwillens stattfinden, wenn die Partei, die zwar die größte Fraktion stellt, aber mit der niemand koaliert und die deshalb zu klein ist, um die Regierung zu bilden, an der Regierung nicht beteiligt wird.

Eine notwendige Tendenz zum Zweiparteiensystem ist deshalb oft genug angenommen oder erwünscht worden. Das Bedürfnis nach Verhinderung einer sich selbst verabsolutierenden Gruppe hat jedoch gerade den Aus-

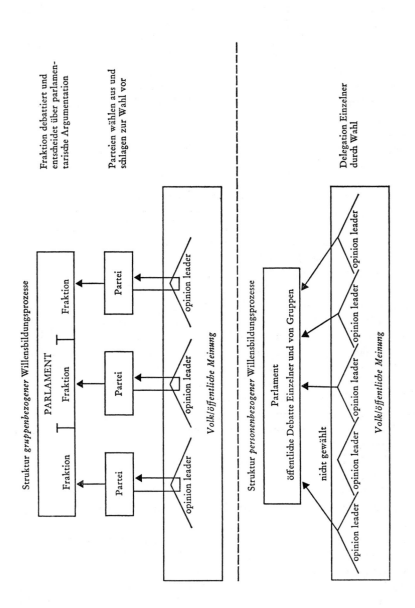

Abbildung 12: Willensbildungsprozesse

gleichscharakter einer dritten Partei immer wieder aktualisiert. Wo dies nicht durch Parteien zum Ausdruck gebracht wird, geschieht die Mediatisierung durch Parteiflügel, wie etwa bei der Labour-Party durch den Gewerkschaftsflügel, der dem Regierungsflügel oft genug widerstreitet. Denn das Problem in diesem System besteht darin, daß nicht nur das Volk einer Partei akklamiert, sondern die Bindungskraft der Partei für den Wähler umgemünzt wird in ein andauerndes Beherrschungsverhältnis der Partei über den Wähler. Dieses Problem wird deutlich im totalen Staat als Einparteienstaat. Dessen Konsequenzen drohen unter der Bedingung, daß die Identitätsbildung wesentliche Funktion der Parteien ist und wenn der Wille der Mehrheit der Aktivbürgerschaft mit dem Willen des Volkes identifiziert wird.

Vor allen Dingen Ernst Fraenkel hat auf das Problem des modernen Parteienstaates und die Identitätskrise des repräsentativen Systems reagiert. Er fordert als entscheides Merkmal eines funktionierenden parlamentarischen Systems, daß es nicht nur theoretisch, sondern praktisch durch eine zeitlich begrenzte, treuhänderische Interessen-Repräsentation gekennzeichnet sei. Damit ist für ihn die Wahrheitsproblematik der diskutierenden Öffentlichkeit des Parlaments zweit- oder drittrangig geworden. Er hält diesen Ansatz gar für ideologisch und verfehlt. Der wahre Kern der parlamentarischen Verhandlung sei das Interesse, das bei allen Gruppen immer ein anderes sei. Die konkurrierenden Interessengruppen seien jedoch genötigt, sich kompromißhaft zu vereinigen, um so doch wenigstens einen Teil ihrer Interessen verwirklichen zu könden. Diesen Aspekt nimmt auch Joseph Schumpeter auf. Er geht von der Konkurrenztheorie aus. Sie verlange Funktionstüchtigkeit der Konkurrenzverhältnisse und setze die Möglichkeit politischer Alternativen voraus, die der Wählerschaft echte Entscheidungen überläßt.

Die Forderung nach wechselnden regierungsfähigen Mehrheiten hat sehr *pragmatische* Gründe:

— die Gefahr der Konsolidierung der Macht und ihrer Verabsolutierung zur totalen Herrschaft,
— die Gefährdung des Interessenausgleichs durch problemlose — im Sinne des Machtverlusts — einseitige Interessendurchsetzung.

Macht ist die tatsächliche Verfügungsfähigkeit über Menschen und Sachen. Im Sinne Max Webers gehört zu ihrer Wirksamkeit „die Chance, bei einem bestimmten Umkreis von Menschen Gehorsam zu finden". Das unterscheidet sie von der Gewalt, die einen Willen aufzwingt. Macht resultiert also aus einer Wechselbeziehung, die durch den institutionellen Rahmen politischen Handelns nicht ausreichend beschrieben wird, in den sie aber hineinwirkt, wodurch das institutionelle Geschehen zu einer Funktion der Machtausübung wird.

Im System des Parlamentarismus ist die Mehrheit als der Legalität erzeugende Machtfaktor definiert. Das bedeutet nicht, daß andere Faktoren ausgeschlossen sind. Sie sind nur nicht auf der gleichen Ebene formalisiert. Da sie keinen entsprechenden Verfassungsrang besitzen, können sie auch nicht bansprucht werden. Sie stehen im Wettkampf der politischen Gruppen — im Rahmen der übrigen Verfassungs- und Rechtsansprüche — zur Disposition.

Mehrheitsverhältnisse haben den Vorteil, daß sie, im Unterschied zu anderen Machtfaktoren, leicht benennbar sind. Sie können abgezählt werden. Ob sie jedoch auch gewichtig sind, ist eine andere Frage. Die Wahl dient der Konsolidierung des Mehrheitsbildungsprozesses. Er findet im repräsentativen System in überschaubaren Gruppen, den Fraktionen, seinen Niederschlag.

Das Gefährliche eines mangelnden Interessenausgleichs besteht darin, daß bei vorherrschenden Machtverhältnissen ständig Interessengruppen benachteiligt werden und sich bei mangelnder Repräsentation ihrer Interessen beim Entscheidungsträger ein Überschußpotential unbefriedigter Interessen und ungelöster Probleme ergibt, die nicht nur den jeweiligen Machthaber — im Sinne des Machtverlusts — gefährlich werden können, sondern für das ganze Gemeinwesen, insofern bei ständig reduzierter Erwartung auf legale Interessenverwirklichung schließlich die Okkupation der Entscheidungsinstanzen erstrebt wird — und zwar tendenziell mit allen Mitteln. Deshalb ist z. B. öffentliche Gewaltanwendung zur Erreichung von Gruppenzielen in der Regel eine Indikator für eingeschränkte Interessenrepräsentation oder Verfestigung von Macht. Wenn diese Gewalt auch nicht legal ist, so ist ihr Ausbruch doch auch durch politisches Fehlverhalten der interessenausgleichenden Institutionen mitbedingt.

Zu beachten ist, daß diese Aspekte des Parlamentarismus nicht nur Ansichten über ihn sind, sondern gleichzeitig auch selbst wieder ein politisches Instrumentarium darstellen. Mit ihrer Hilfe kann der praktische Parlamentarismus verglichen und bewertet werden. Durch diesen Vergleich ergeben sich Erkenntnisse über die gegenwärtige Problemlage des Parlamentarismus.

Für die Idee der Repräsentation ist wichtig zu beachten, in welchem Maße sich die soziale Rekrutierung des Parlaments verändert hat. Dies ist auch unter Rücksicht einer funktionierenden Gewaltenteilung wichtig, die dann kritisch wird, wenn sich die Mehrheit oder doch mindestens eine Sperrminorität aus der die Beschlüsse exekutierenden Beamtenschaft rekuriert. Bedeutsam gerade im Hinblick auf die reduzierte Öffentlichkeit des parteienstaatlichen Parlamentarismus ist die Frage nach dem Einfluß außerparlamentarischer Gruppen und Verbände auf die parlamentarische Entscheidungsprozesse oder vielmehr auf die Entscheidungen der Parteien und ihrer parlametarischen Organe.

Nicht unbedeutend für die Frage nach dem Funktionswandel des Parlamentarismus von einer personenbezogenen zu einer parteifixierten Institution und einer etwaigen weiteren Veränderung ist die Berücksichtigung des Problems eines vordringenden „Sachzwangs". Denn die Behauptung einer Vorherrschaft des Sachzwangs vermag den Parlamentarismus überhaupt zu zerstören. In Kategorien der Zweck-Mittel-Relation gedacht setzt die Behauptung der Vorherrschaft des Sachzwangs voraus, daß über die Ziele des Politischen verbindlich entschieden sei, so daß es nur noch die dem jeweiligen Stand der Technik angemessene Entscheidung über die Mittel gebe. Die Frage nach den Mitteln sei aber nur kompetent durch die Praktiker der Mittel, die Technokraten, zu entscheiden. Das Politische — als Problem der Zieldefinition — wird abgeschafft zugunsten der Organisation von Sachen.

Die Furcht vor der Systemveränderung und die Verdächtigung jedes alternativen Denkens als Systemveränderung hat in der stillgestellten Politik durch vorrangige Erledigung der Organisation von Sachen einen wesentlichen Grund. Denn die Politisierung würde die Frage nach der Legitimation der Mittel stellen, und zwar dadurch, daß sie das verdrängte Zielproblem in den Vordergrund rückt. Die Tatsache, daß Wirtschaft unser Schicksal ist, — und nicht Politik — wäre zurückzuführen auf die Entpolitisierung durch die Bestimmung, daß moderne Politik Organisation von Sachen sei. Dieses Geschäft aber ist wesentlich eines der Wirtschaft, vor allem dann, wenn der moderne Staat als Institut der Daseinsvorsorge definiert ist. Allerdings gibt es unter dieser Voraussetzung Substantielles nicht mehr zu debattieren. Der Fleiß der Abgeordneten kann sich dann nur noch im „Gesetzemachen" erschöpfen. Auch die Vorherrschaft der exekutierenden Beamtenschaft sowohl im Parlament selbst wie über ministeriell erarbeitete Gesetzesvorlagen gehört dann zum Prozeß der Auflösung des Parlaments. In diesen Zusammenhang paßt aber auch, daß Planspiele sowohl zum Trainingsprogramm der Bürokratie wie auch der politischen Bildung gehören.

3. Hauptpunkte der Parlamentarismuskritik

— Das Parlamentarische System ist falscher Schein. Es behauptet eine Identität zwischen Regierten und Regierenden, der in der Wirklichkeit nichts entspricht. Die Massen haben in ihn genausowenig Selbstbestimmung und Souveränität wie das Parlament selbst, das nur Ausdruck der herrschenden Interessenten ist.

— Dem pluralistisch organisierten Parlamentarismus mangelt es an Autorität und Effektivität.

— Das System der Gewaltenteilung funktioniert nicht, genau so wenig wie seine Repräsentationsfunktion.

— Das parlamentarische System leidet am Verlust der Macht und der Kontrollfunktion und verfällt zur Registriermaschine, die lediglich anderenorts getroffene Entscheidungen wiedergibt.

Allerdings ist die Zuordnung einzelner Kritikelemente zu bestimmten politischen Richtungen: radikaldemokratisch, rechtskonservativ, kommunistisch und faschistisch deshalb problematisch, weil die Kritik des Machtverlusts des Parlaments eben keine besondere Einsicht einer besonderen Gruppe ist. Ebenso stellt sich die kritische Frage nach dem Mangel an Identität und der damit einhergehenden Fragen nach der Legitimation des Parlaments auch nicht bloß für eine dieser Gruppen.

In der positiven Einschätzung des Parlamentarismus heißt es bei K. Kluxen, daß der Parlamentarismus „selbst wesentlich als institutionalisierte Kritik und Krisis definiert werden kann, zumal ... das Problem der menschlichen Herrschaft ein unlösbares Problem ist, solange die Würde des Menschen bewahrt bleiben soll. Jedenfalls würde die gewaltsame Abwürgung einer Krisis den Parlamentarismus ebenso aufheben wie das Fehlen von Krisis und Widerspruch überhaupt. Statt dessen bringt er selbst Krisen ans Tageslicht und sucht sie gleichzeitig in einem geregelten Spiel der Kräfte zu kanalisieren (Kluxen, 13).

Unter dieser Rücksicht ist es ein Mangel des parlamentarischen Systems, wenn es dazu übergeht, bestimmte Gruppen durch Verbot aus sich zu eliminieren. Hier stößt es auf ein *doppeltes Dilemma*:

— Einmal ist es aus Gründen seiner Funktionstüchtigkeit genötigt, die parlierenden Gruppen zu beschränken und nicht zu Ein-Mann-Gruppen verkommen zu lassen,

— andererseits müßte es aber gewährleisten, daß für die Gesellschaft relevante Strömungen rechtzeitig offensichtlich werden. Nicht umsonst geht die subversive Taktik in den Untergrund, denn die Wahrnehmung ihres Vorgehens würde ansonsten den gesellschaftlichen Organisationsprozeß zumindest modifizieren, aber andererseits muß das Parlament auch hier wiederum verhindern, daß es funktionsunfähig wird.

Während es in der Bundesrepublik gelungen ist, die Ein-Mann-Gruppe und das partikulare Gruppeninteresse in den großen Volksparteien zu binden und auch zur Extreme neigende Randgruppen und partikulare Interessen zu integrieren, ist es nicht gelungen, das Parlament zu befähigen, die Problemgestalten der Gesellschaft zureichend ins öffentliche Bild zu überführen. Das etablierte Parlament hat sich heftig gewehrt und damit eine gewisse Schwäche der Parlamentarier zumindest signalisiert, mit widerstreitenden Prinzipien zu konkurrieren. Andererseits darf jedoch auch nicht übersehen werden, daß der Zugang zum Parlament unter den Bedingungen seiner heutigen Funktion auch den Zugang zur Macht bedeutet. Unter dieser Voraussetzung wird es allerdings gefährlich, die Indikatorfunktion des Parlaments unkritisch zu verwirklichen. Die Hauptelemente der Parlamentarismuskritik knüpfen an die historische Erfahrung der Elitenbildung auch auf der Stufe der Repräsentationselite, der Abgeordneten, an und stellen fest, daß es nicht nur ein quasi ehernes Gesetz der Oligarchie auch im Parteienwesen gebe, das sich in der Herrschaft der Wenigen im Parteienapparat ausdrückt, sondern auch der Bürokratisierung, Verapparatung und Verwissenschaftlichung — Bedingungen, die der parlamentarischen Idee entgegenstehen. — Allerdings enthält diese Kritik diffuse Elemente, denn die Problematik besteht hier darin, daß die Funktion des Parlaments als parlierende Institution freier Bürger unvermittelt zusammengedacht wird mit seiner Funktion als arbeitender und beschließender Instanz. Vor allen Dingen wird das Parlament gerade deshalb, weil sich beliebig parlieren lasse, aber objektiv gehandelt werden müsse — und zwar nicht unter beliebigen und selbst zu wählenden Bedingungen, sondern immer unter der gegebenen — als eine problematische, wenn nicht gar überflüssige Veranstaltung angesehen: Der Konsumentenkonformismus wie das technokratische Effizienzdenken heben letztlich das differenzierte Zustimmungs- und Ablehnungsverhältnis, ja überhaupt das Problem der parlamentarischen Repräsentation auf, da es nichts zu repräsentieren gibt, sondern nur zu organisieren. Einer anderen Kritik nach machen die Massenmedien das Parlament vollständig überflüssig, da sie die Steuerungsfunktion in der Massengesellschaft optimaler als dieses übernehmen und zugleich durch partielle Repräsentanz von Meinungen in ihrer Gesamtheit doch als Indikator für politische Entwicklungen genommen werden können. Sie stellen die Öffentlichkeit her, die das parlierende Bürgertum des Parlaments vor der Herrschaft der Medien zu vermitteln suchte. Schließlich aber sei das Parlament deshalb überholt, weil die Organisation der Sachen keine Alternativen zuläßt oder doch nur solche, die nur gradueller Art sind und mehr eine Frage der zeitlichen Disponierung darstellen als eine der politischen Alternative. Die sozialen und politischen Zwangsläufigkeiten werden danach nicht durch Entscheidungen erzeugt, sondern durch Gesetzmäßigkeiten des gesellschaftlichen Prozesses selber.

Die radikale Konsequenz der Kritik erklärt denn auch das ,bürgerliche' Parlament zur Schwatzbude, und behauptet dagegen ein Bedürfnis nach Macht zur Durchsetzung undiskutabler, weil objektiv notwendiger Zwecke. Genau aber davon, daß vor der Debatte schon klar sei, was sein soll, geht die parlamentarische Idee nicht aus. Außerdem strebt sie mit wechselndem Erfolg danach, das Machtstreben und den institutionalisierten Machtgebrauch zu mediatisieren — ihn für alle erträglich zu machen.

Literatur

Ernst Fraenkel: Deutschland und die westlichen Demokratien, Kohlhammer, Stuttgart 1973, 237 Seiten.

Fraenkel beschäftigt sich sehr ausführlich mit der Demokratierezeption in Deutschland. Dabei bezieht er sich zum Vergleich auf die westlichen Demokratien mit ihren Traditionen. Seine Studie gehört in den Bereich der vergleichenden Politikwissenschaft, die am Prinzip des Verstehens orientiert ist und die geschichtlichen Realitäten der Modellkonstruktion vorzieht. Die Arbeit gehört zu den grundlegenden Texten über die Demokratie in Deutschland.

Hartmut Wasser: Parlamentarismuskritik vom Kaiserreich zur Bundesrepublik, Analyse und Dokumentation, Problemata, fommann-holzboog 39, Stuttgart 1974, 196 Seiten.

Das Parlament — in der Paulskirche gescheitert — hatte als ,Schwatzbude' in Deutschland wenig Ansehen. Eine ganze Verfassung auf diese Institution zu beziehen, mußte deshalb Schwierigkeiten bringen. Über die Probleme und Ereignisse des Parlamentarismus in Deutschland und die wichtigsten deutschen Kritiker aus allen politischen Lagern wird instruktiv informiert.

Wilhelm Hennis: Die mißverstandene Demokratie, Demokratie — Verfassung — Parlament, Studien zu deutschen Problemen, Herder Tb 460, 175 Seiten.

Ausgehend von einem ‚realistischen' Politikverständnis versucht Hennis, sich mit den Tatsachen des demokratischen Verfassungsstaates Bundesrepublik auseinanderzusetzen. Für diesen Staat sieht er Gefahren nicht in den Verhältnissen, sondern in der Überforderung der Verfassung durch Ideologisierung der Begriffe. Wichtig ist, daß hier für jedermann zugänglich die Auseinandersetzung eines Politologen mit Ereignissen vorliegt, die zum Teil noch zur siebten Legislaturperiode gehören. So sind die Aufsätze eine wesentliche Hilfe, sich am Leitfaden einer Wissenschaft zu orientieren.

Karl Loewenstein: Der britische Parlamentarismus, Entstehung und Gestalt, rowohlts deutsche enzyklopädie 208, Hamburg 1964, 156 Seiten.

Das politische Wesen des demokratischen Verfassungsstaates kritisch zu begreifen, ist Aufgabe dieser Veröffentlichung, die sich für den Parlamentarismus engagiert. Er wird als Errungenschaft einer freien Gesellschaft bezeichnet, die ihre Erfolge und Mißerfolge auch institutionell zu verarbeiten weiß. Der englische Parlamentarismus mit der längsten Tradition dient hier als Beispiel für einen Typ, der jedoch jeweils speziell angeeignet und gebildet werden muß, wenn er in einer Gesellschaft funktionstüchtig sein soll.

Frank Grube/Gerhard Richter (Hrsg.): Demokratietheorie, Konzeptionen und Kontroversen, Reader, Hoffmann und Campe, Hamburg 1975, 246 Seiten.

Die Kontroversen der Demokratietheorie werden hier in Originaltexten zugänglich gemacht, wobei die internationale Diskussion im Mittelpunkt steht. Dadurch erfüllt der Reader auch aufklärende Funktion und läutert von dem Vorurteil als seien viele Fragen, die in der Bundesrepublik kontrovers sind, spezifisch durch die hiesige Landschaft geprägt. Die Beiträge der zahlreichen Autoren vermitteln das Spektrum der Diskussion. Der Einschätzung der Wertigkeit der einzelnen Theorieaspekte durch die Herausgeber braucht man sich nicht anzuschließen.

Kurt Kluxen (Hrsg.): Parlamentarismus, Kiepenheuer und Witsch, Köln 1969, 511 Seiten.

Dieses in der Neuen Wissenschaftlichen Bibliothek erschienene Kompendium enthält Textausschnitte der wichtigsten Theoretiker und akademischen Lehrer der Theorie und Kritik des Parlamentarismus. Die Information zum Problem ist entsprechend umfassend und den aktuellen Streitigkeiten scheinbar enthoben, obwohl die Verfasser selbst oft genug Politik machten oder politisch wirkten, sei es Laski, Carl Schmitt oder der Verfassungsrichter Leibholz. Da die einzelnen Abschnitte selbständig sind, ist der Umfang des Werkes kein Hindernis, um mit seiner Lektüre, ob systematisch oder schwerpunktmäßig, zu beginnen. Der Parlamentarismus-Band von Kluxen gehört zu den Standardwerken.

IV. Politische Kräfte in Staat und Gesellschaft

1. Ambivalenz und Institutionalisierung der Macht

Als *politische Kräfte* lassen sich folgende Faktoren bezeichnen:
— *Parteien*
— *Verwaltung*
— *Verbände*
— *informelle* (Interessen-)*Gruppen*
— *Staat als institutionalisiertes* Konzept der verfaßten Gesellschaft mit *Machtanspruch* und *-ausstattung*.

Diese Elemente stellen Machtfaktoren dar, die es bei dem Prozeß der politischen Willensbildung zu berücksichtigen gilt. Er läuft auf die Ausübung von Herrschaft hinaus, deren eines Problem Effektivität, in jeweils verfassungsrechtlich angegebenen Grenzen, ist, und deren anderes Problem in der Frage nach ihrer rechtmäßigen Erzeugung besteht. Das parlamentarische System bzw. seine Theorie sucht das Machtproblem dadurch zu lösen, daß Macht in einem Bereich organisiert wird, der durch die Monopolisierung der physischen Gewaltsamkeit bei Aufteilung der Ausübungs- und Kontrollfunktionen gekennzeichnet ist. Es ist dadurch in der Lage, sich und andere zu schützen. Dabei wird davon ausgegangen, daß die Teilung der Macht in einem System der Konkurrenz und Interdependenz politisch im Sinne der Zügelung der Macht wesentlich effektiver ist als das Vertrauen auf Versicherungen von Machtträgern, sie beabsichtigten ihren Mißbrauch nicht.

Das parlamentarische System geht davon aus, daß zu einer Effektivität wesentlich Aufteilung der Macht und Wechsel der Machtverhältnisse gehört (E. Fraenkel u. R. Aron und M. S. Lipset).

Mit dieser Bestimmung wird die Macht als offenes Problem behandelt: Sie ist zwar verfassungsmäßig verortet, begrenzt und legalisiert, aber die gesellschaftlichen Bedingungen ihrer Ausbildung sind nicht fixiert.

Mit der verfassungsmäßigen, rechtlichen Normierung des Prozesses institutioneller Machtausübung im öffentlichen Bereich ist noch nichts über die tatsächlichen Bedingungen ihrer Bildung und Wirkung ausgesagt. Im gesellschaftlichen Bereich vagabundiert die Macht.

Die *Differenz* zwischen *Staat* und *Gesellschaft* hinsichtlich des *Machtproblems* läßt sich — bezogen auf den *Verfassungsstaat* — folgendermaßen formulieren:

Der Staat ist die Stelle, an der die Macht ihre öffentliche Organisation erhält und in ihrer Wirkung zum Ausdruck kommt, während die Gesellschaft der Ort ist, an dem sich die Machtverhältnisse bilden und die Bedingungen ihrer öffentlichen Wirksamkeit entfaltet werden.

Damit ist eine grundsätzliche Teilung aufgenommen, wie sie für die bürgerliche Gesellschaft gilt, nämlich die Trennung von Öffentlichkeit und Privatheit. Die politischen Kräfte sind in beiden Bereichen zu verorten. Wie das ‚Parteienprivileg‘ zeigt und der Anspruch der traditionell regierungsfähigen Parteien, staatstragende Parteien zu sein, bildet sich hier ein semistaatliches Gebilde aus, das sowohl am öffentlichen Gebrauch der Macht im System des Staates beteiligt ist wie an der Organisation der Macht im diffusen Prozeß der Bildung gesellschaftlicher Verhältnisse. Eine Beschreibung der ‚wahren‘ Machtverhältnisse ist wegen dieser Vermischung, und weil sich die Bildung der Macht in die private Sphäre zurückzieht, außerordentlich schwierig, es sei denn man bedient sich monokausaler Erklärungsmodelle, die als Produkt einer idealtypischen Begriffsbildung den Mangel an sich tragen, das Produkt einer einseitigen begrifflichen Steigerung zu sein, der in der Wirklichkeit nichts entspricht (M. Weber).

Am Zustand der Ambivalenz der Orte der Machterzeugung ist kein Makel. Er dient der Freiheit des Individuums und gehört unmittelbar zu den prinzipiellen Bedingungen der Entwicklung und Aufrechterhaltung einer freiheitlichen Ordnung. Dazu ist die Existenz der — im Unterschied zu den Parteien — *nichtverantwortlichen Verbände* unabdingbar:

„Unter den Bedingungen der demokratischen und sozial-staatlichen Industriegesellschaft sind individuelle Freiheit und soziale Sicherheit an die in gewissem Maße gegenläufigen Voraussetzungen gebunden, daß wirksam und staatsunabhängige Organisation der Interessenwahrung bestehen und daß der Staat stark genug ist, den einzelnen gegen die willkürliche Handhabung der Organisationsgewalt (Beschränkung der Vereinsautonomie des Verbandes durch

‚innerverbandliche Demokratie', Sicherung der Mitgliedschaft) und die Gesellschaft insgesamt gegen den Machtmißbrauch einer Minorität zu schützen. Der einzelne vermag in den sozialen Auseinandersetzungen sein Interesse gegenüber anderen Interessenten und angesichts der sozialstaatlichen Verfügung über seine Daseinsgrundlagen nur in einer Gruppe zu behaupten, doch bleibt diese Interessenwahrung stets ein partikulärer Anspruch" (aus: Bericht zur Lage der Nation, 1972, 46).

Das vielfältige System der Parteien und Verbände, das in seiner Komplexität durch die staatsrechtlich unterschiedliche Bedeutung von Parteien und Verbänden noch gesteigert wird, stellt unter den Bedingungen pluralistischer Gesellschaften und ihrer tendenziell heterogenen Wert- und Interessenstruktur ein optimales Integrationssystem dar. Weimar ist — nach den Untersuchungen Heino Kaack's über „Geschichte und Struktur des deutschen Parteiensystems" — nicht nur am Pluralismus zugrunde gegangen, sondern am Mangel einer diesen Pluralismus tragenden Übereinstimmung und der Unfähigkeit, eine Organisationsform zu finden und zu akzeptieren, die die positiven Elemente der Freiheitlichkeit des Pluralismus bewahrte und dennoch eine praktikable Form gesellschaftlicher Organisation hervorbrachte.

Wichtig für die Stabilität eines politischen Systems ist seine Integrationsfähigkeit, die die „Herstellung des Verfassungskonsens in Theorie und Praxis" (ders., 153) zur Voraussetzung hat und in der Lage ist, widerstrebende Wert- und Interessensvorstellungen zu überschaubaren Entscheidungsgrößen zu bündeln (vgl. Abb. 13).

Die Gesellschaft muß also konsensbereit und -fähig sein und Institutionen besitzen, die den Konsensbildungsprozeß sowohl inhaltlich wie formal akzentuieren können, wenn das politische System funktionieren soll. Es ist, funktional betrachtet, dabei letztlich gleichgültig, ob es sich um ein pluralistisches System oder ein totalitär-monistisches System handelt. Nach der Dialektik von Herr und Knecht bestätigen Regierende und Regierte sich in ihren Funktionen wechselseitig, so daß ein totalitärmonistisches System zu seiner Funktion mindestens einer so ausreichenden Anerkennung bedarf, daß es eine genügend große Gefolgschaft findet, die es in seiner Funktion aktiv unterstützt und dadurch — auch gewaltsam — aufrechterhält. Es gehört auch aus diesen Gründen zum Verfahren solcher Systeme, Kommunikation als Voraussetzung von Bildung und Entscheidung einseitig zu reglementieren, um so die Vielfalt

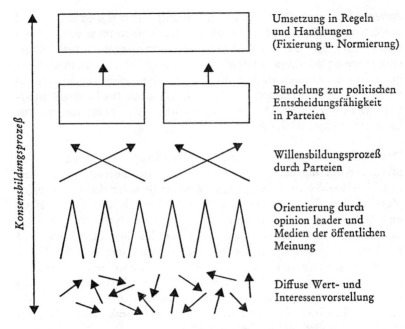

Konsensbildungsprozeß

Umsetzung in Regeln
und Handlungen
(Fixierung u. Normierung)

Bündelung zur politischen
Entscheidungsfähigkeit
in Parteien

Willensbildungsprozeß
durch Parteien

Orientierung durch
opinion leader und
Medien der öffentlichen
Meinung

Diffuse Wert- und
Interessenvorstellung

Abbildung 13: Orientieren, Integrieren, Stabilisieren

zu verhindern, die zur Entscheidungsproblematik führt. Da es scheinbar nichts zu entscheiden gibt, kann es nur Gefolgschaft oder Apathie geben. In der pluralistischen Gesellschaft der Bundesrepublik sind Erfahrungen des Pluralismus und des Monismus verarbeitet. Durch das Grundgesetz sind die Bedingungen für die Funktionstüchtigkeit unter verfassungsmäßigem Einschluß der Garantie des Pluralismus genannt und jene Versuche ausgeschlossen, die einer freiheitlichen Grundordnung aller Erfahrung nach abträglich sind.

Verbände und Parteien gehören in der Bundesrepublik zu denjenigen institutionellen Bedingungen, die verfassungsmäßige Garantien besitzen und gleichzeitig diese Verfassung mittragen – allerdings mit *unterschiedlicher* Verantwortung und *rechtlicher* Qualität.

Der besondere öffentliche Status der Parteien ist in Art. 21 GG verfassungsrechtlich festgelegt und gewährleistet. Sie sind nicht dem Anwendungsbereich der Vereinigungsfreiheit (Art. 9 GG) durch die weiterreichende Geltung von Art. 21 GG entzogen. Die verfassungsrechtliche Grundlage des Verbandswesens ist nur in grundrechtlichen Freiheiten ausgedrückt (Art. 9,8,5 GG). „Kraft ausdrücklicher Verfassungsstimmung und vermöge ihrer politischen Bedeutung besitzen die Vereinigungen zur Wahrung und Förderung der Arbeits- und Wirtschaftsbedingungen, und unter diesen wieder die Arbeitgeberverbände und die Gewerkschaften, eine Sonderstellung." ... „Artikel 9 Abs. 3 umschließt auch eine verfassungsrechtliche Garantie der rechtlichen Grundstruktur des Systems der kollektiven Wahrung und Förderung der Arbeits- und Wirtschaftsbedingungen, vor allem mit den Mitteln des kollektiven Arbeitsrechts, einschließlich Tarifautonomie und Arbeitskampf" (nach und aus: Bericht zur Lage der Nation, 1972, 46).

2. Parteien als politische Kräfte

Das Entscheidende für die Machtausübung (Herrschaft) der Parteien ist die Wahl. Durch sie erhalten sie ihre Legitimation. Durch Wahlbeteiligung auf Länder und/oder Bundesebene gewinnen sie laut Parteiengesetz die Qualität einer Partei. Die Beteiligung an Kommunalwahlen genügt nicht. Die Wahl selbst ist ein politischer Willensbildungsprozeß, der jedoch im repräsentativen System der Bundesrepublik nur Teil des zentralen Willensbildungsprozesses ist. Dadurch, daß er nicht der zentrale Willensbildungsprozeß selbst ist, sondern auch nur einer unter anderen Willensbildungsprozessen, die für die politische Willensbildung konstitutiv sind, wird das Argument von der Beauftragung durch den Wähler reduziert.

Die Parteien werden in der Wahl zur Regierungsbildung durch alle diejenigen beauftragt, die sie wählen. Die Koalitionen, die dann geschlossen werden, stellen den Versuch dar, im Wege eines Kompromisses diesen Auftrag zu realisieren. Es gibt deshalb auch im Rahmen dieses Systems keine ‚größten Fraktionen', sondern immer nur regierungsfähige Mehrheiten. Mehrheit ist also das Kriterium und nicht die relative Größe von Gruppen innerhalb des Parlaments.

Parteien im System des Parteienstaates bilden zahlreiche Funktionen aus, die für das gesellschaftliche Leben wichtig sind und die von Parteien verantwortlich, aber zeitlich befristet übernommen werden. Es ist deshalb für das Wahldenken außerordentlich schädlich, wenn die Wahl als die größte Nebensache, ohne Einfluß auf das ‚wirkliche' politische Geschehen dargestellt wird. Die Änderungen der Mehrheitsverhältnisse seit

1966 und die gesellschaftlichen Auswirkungen, einschließlich die Quasi-Institutionalisierung der Außerparlamentarischen-Opposition während der Zeit der Großen Koalition, zeigen ganz deutlich, daß es sowohl innen- wie außenpolitisch nicht gleichgültig ist, welche Mehrheitsverhältnisse im Wahlakt zustande kommen.

Parteien stellen programmatische Kristallisationskerne der politischen Willensbildung im Medium der öffentlichen Meinung dar.

Wichtig ist neben der Programmatik die Fähigkeit, personelle Auswahlmöglichkeiten zu repräsentieren. Wenn die programmatischen Schwerpunkte verwischen, sei es, weil unter der Bedingung sogenannter Entideologisierung nur noch die Frage der optimalen Verteilung der Ressourcen ansteht, sei es, weil unter dem Titel der Volkspartei versucht wird, den Anschein der Gleichrangigkeit zu erwecken oder sei es, daß alle sich liberal nennen, wird der Schwerpunkt der Unterscheidung auf die Personen gelegt. Allerdings wird dann auch der politische Kampf persönlich.

Das *Ergebnis* der beiden *Funktionen*

— *programmatischer Kristallisationspunkt* zu sein
— *personelle Auswahl* zu ermöglichen

wird in der Besetzung der Ämter der Herrschaftsorganisation mit Personen eigener Richtung sichtbar. Es ist zu beachten, daß in der Wahl und im Wechsel der Parteien nicht der Staat selbst zur Disposition steht, sondern nur die Ämter seiner Herrschaftsorganisation, die ja auch stets den Wahlakt überdauern und im Wahlakt nur personell zur Disposition gestellt werden. Bei legislaturperiodenübergreifender Besetzung der Ämter durch eine Parteiengruppe mag es zwar scheinen, daß Staat und Partei identisch sind, aber in der Tat ist dies nicht der Fall. Prinzipiell ist keine der wählbaren Parteien Staatspartei, auch dann nicht, wenn sie dessen Ämter längerfristig verwaltet. Praktisch kann sie es jedoch werden, ohne daß dies aber der optimale Zustand des demokratischen Parteienstaates wäre, weil er in diesem Fall Gefahr läuft, zum Einparteienstaat zu tendieren.

„Ein tragender Grundsatz der parlamentarischen Demokratie ist die Freiheit der Parteigründung (Artikel 21 Abs. 1 Satz 2 GG). Demnach ist es verfassungsrechtlich verboten, die Gründung einer Partei von besonderen gesetzlichen oder administrativen Anforderungen abhängig zu machen. Es ist verfassungsrechtlich ausgeschlossen, das Entstehen eines Einparteienstaates durch rechtliche Maßnahmen oder in sonstiger Weise zu fördern oder zu erzwingen. Mit dieser Gewährleistung des Mehrparteienstaates, durch den die Vielfalt po-

litischer Auffassungen die rechtlich gesicherte Chance erhält, sich im politischen Willensbildungsprozeß zur Geltung zu bringen, ist eng der Grundsatz der Chancengleichheit der Parteien verbunden, der aus dem allgemeinen Gleichheitssatz (Artikel 3 Abs. 1 GG in Verbindung mit Antikel 21 Abs. 1 GG) und aus dem Grundsatz der Wahlrechtsgleichheit (Artikel 38 Abs. 1 GG) abzuleiten ist" (aus: Bericht zur Lage der Nation, 1972, 44).

Die Bedeutung der Wahl als Übertragung von Staatsfunktionen bürdet dem Wahlbürger die Verantwortung für das ganze System auf. Im weitesten Sinne bedeutet das, daß er unter Umständen seinem eigenen inhaltlichen Prinzip gegenüber zur alternativen Wahl genötigt ist, um die Bildung eines Einparteienstaates durch Verfestigung der Identität von Partei- und Staatsorganisation zu verhindern.

Es ist festzuhalten, daß die moderne Verfassungsidee des demokratischen Staates von einer wesentlichen Unterscheidung lebt, die in der basisdemokratischen Theorie meist vernachlässigt und in ihrer Posivität negiert wird, nämlich von der Unterscheidung zwischen Volkswillen und Staatswillen. In dieser Unterscheidung lebt das Mißtrauen vor der Qualität des Volkes, die weniger einem elitären Sinn entspringt oder großbürgerlich gedacht ist, sondern die Psychologie der Massen — deren Theoreme älter sind als ihr Begriff — berücksichtigt, wonach die Masse undifferenziert selbst nicht zu differenzieren vermag und deshalb auch nicht urteils- und entscheidungsfähig ist und darum auch stets demagogisch okkupierbar ist.

Während der Volkswille das undifferenzierte Substrat der öffentlichen und veröffentlichten Meinung ist, die damit zum Machtfaktor wird und auch zur Grundlage demagogischer Agitation, ist der Staatswille ein mit Mehrheit ausgestatteter, formal zustande gekommener Wille, dem aufgrund subtiler Vermittlungsprozesse Elemente der Differenzierung inhärent sein sollen. Denn immerhin ist der formal zustande gekommene Wille etwa durch die freie und geheime Wahl letztlich ein Akt in Einsamkeit, also unabhängig von Massen, dem nach Schelsky die Voraussetzungen der Freiheit innewohnt. Außerdem ist die formale Wahlberechtigung ideengeschichtlich an gewichtige Voraussetzungen geknüpft, die in der Tradition der Theorie des Erwachsenen als jenes Subjekt wurzeln, das seines eigenen Verstandesgebrauchs fähig ist.

Parteien als Ordnungsfaktoren tendieren auf Ausgleich — den politischen Kompromiß zum Zwecke der Mehrheitsbildung. Dies tun sie permanent,

nicht nur in den Koalitionsverhandlungen, sondern auch dann, wenn sie Mehrheiten für Gesetzesvorlagen zu erwerben versuchen. In diesem Ausgleichsversuch tendieren die Verbände auf Beeinflussung des Ausgleichs. Allerdings wird bei einer zu vordergründigen und ständigen Aktion der Verbände die Rolle des Bürgers, die sowieso schon durch die Parteien mediatisiert ist, noch weiter zurückgedrängt, denn die Einwirkungsmöglichkeit des Bürgers auf den Staat über die Parteien sind schon sekundär, nämlich weitgehend auf Wahlakte beschränkt, gegenüber dem Einfluß, den er über die Interessenverbände nehmen kann. Dadurch aber verliert „das ‚souveräne Volk' den Begriff dafür, daß das System der Demokratie ein Risiko für jeden Einzelnen enthält, welches über die Verbände nicht aus der Welt geschafft werden kann" (Joachim H. Knoll: Führungsauslese in Liberalismus und Demokratie, Stuttgart, 1957, 211). Gegen die Mediatisierung des Volkes durch die Monopolstellung der Parteien, besonders aufgrund des Wahlvorschlagsrechts und dem Herrschaftsvorsprung der etablierten Parteien, wendet sich das basisdemokratische Interesse „an der faktischen politischen Willensbildung teilzunehmen und politische Entscheidungen im Sinne einzelner Gruppen zu beeinflussen" (Ellwein: Regierungssystem, 1973, 3. Aufl., 169, vgl. auch 174).
Die eine Seite der politischen Funktion der Parteien ist die Vorbereitung und Mitwirkung an der Entscheidung. Die andere Seite stellt sich im demokratischen Parteienstaat als Exekution dieser Entscheidung durch Ergänzungshandlungen im administrativen Bereich dar. Dies geschieht nicht nur durch die der Verwaltungshoheit mögliche Definition der Ausführung, sondern durch die parteilich orientierte personelle Beeinflussung der Ausführungsorgane selber: „Die Regierungen sind von den Parlamenten bestellt, die Regierungsmitglieder in der Regel von den Parteien vorgeschlagen" (Ellwein, a. a. O., 169) und man muß hinzufügen: Sie sind zumeist mit der Partei bzw. deren Führung identisch.
Das Hauptproblem bei der Beschreibung der Funktionen der Parteien im repräsentativen System stellt die Legitimationsfrage dar: Wodurch werden Parteien legitimiert, die Programme aufzustellen, die sie aufstellen und wodurch sind ihre politischen Handlungen gerechtfertigt?
Der Hinweis auf Wahlen ist keine Antwort, weil diese, im negativen Sine formuliert, Akklamationen zu bestehenden Angeboten der Parteien darstellen und Wahlen sie mit der Regierungsbildung beauftragen. Die Frage geht aber in die Richtung, wie es zu den Angeboten kommt. In dieses Problem greift die Repräsentationstheorie ein, die die Aktivbürger — das sind diejenigen, die in politischen Parteien die Mitglieder stellen — zu Repräsentanten der Wahlbürger erklärt.
In der Bundesrepublik sind allerhöchstens fünf bis sechs Prozent der

Wahlberechtigten Mitglieder in Parteien. Von diesen Parteimitgliedern sind aber selbst nur wieder ganz geringe Prozentsätze aktiv. Diese Aktiven delegieren die Aufgabe, etwa der Kandidatenbenennung, auf einen Delegiertentag, so daß also die Zahl der Aktivbürger, die am Zustandekommen von Wahllisten mitwirken, im Verhältnis zu den Wahlbürgern in Promille ausgedrückt werden muß.

Berücksichtigt man nun, daß es einen Machtanspruch innerparteilicher Nebenvereinigungen gibt und, daß dieser etwa durch den Einfluß von Verbänden verstärkt wird, die außerhalb der Parteien stehen und deren Mitglieder nicht indirekt auch Parteimitglieder sind, dann wird nicht nur das Problem der Kontrolle dieser Einflüsse deutlich, sondern die Repräsentationstheorie problematisch. Zwar mögen augenscheinliche Defizite der Repräsentation dadurch aufgehoben werden, daß der Parteiapparat sich in der Regel nicht nach innen, sondern primär an der Außenrepräsentation der Partei im Sinne der Steigerung wahlwirksamer Zustimmungsbereitschaft orientiert. *Das bedeutet aber:*

— Parteien befinden sich in Abhänigkeit von Außensignalen und den Machthabern ihrer Steuerung — also primär von den Gruppen, die die öffentliche Meinung zu beherrschen in der Lage sind.

— Parteien sind auf demoskopische Analysen des Meinungstrends der Wähler angewiesen mit der Folge, daß sie an Willensbildungsfunktion im allgemeinen Verstande einbüßen, weil sie nicht lenkend, sondern reaktiv tätig werden.

Das darin enthaltene Dilemma drückt sich in der Parteientheorie in einer Doppelinterpretation der Rolle der Parteien in der Bundesrepublik Deutschland hinsichtlich ihrer *Staats-* oder *Gesellschaftsfunktion* aus:

— **Parteien werden interpretiert als Organe der Volkssouveränität. Sie müssen als solche in der Lage sein, quasi die Gesamtheit des Volkes an sich zu binden. Klassenparteien verlieren dabei wegen heterogener Schichtung der Gesellschaft ihre Existenzberechtigung. In diesem Verstande stellen Parteien Formen der vermittelten Selbstregierung des Volkes dar. Sie müssen als solche hohe Bevölkerungsanteile an sich binden. Die Herrschaftsmittel werden ausgebildet durch imperatives Mandat und stark entwickelte plebiszitäre Elemente, denen jeweils der aktuelle Parteiwille nachgeordnet ist, insofern Parteiorganisationen als Vollstreckungsorgane des Volkswillens interpretiert werden.**

— **Parteien werden interpretiert als Organe der indirekten Repräsentation, die dem undifferenzierten Volkswillen auf vielfältige Art durch eigene Anstrengung Gestalt geben und dabei nicht das**

Volk zum Inhalt haben, sondern dessen Regierbarkeit. In diesem Modell gibt es kein imperatives Mandat, letztlich aber auch keine persönliche Entscheidung des Abgeordneten. Parteien haben hier die Funktion, programmatische Schwerpunkte zu setzen und für die personelle Ausstattung der Repräsentationssphäre Sorge zu tragen.

Das *Parteiensystem* der Bundesrepublik *mischt* diese *Elemente:*

Parteien sind hinsichtlich des staatlichen Systems als verfaßtem und formalisiertem Gesamt- oder Staatswillen Institutionen der Herbei- und Ausführung von Entscheidungen, die diesen Willen bestimmen. Im Blick auf die Gesellschaft repräsentieren sie dieser gegenüber oder in ihr den Staat als verfaßtes, d. h. bestimmtes Organ. In sich sind sie ein Interaktionssystem, das Interessen zum Ausdruck bringt, um Mehrheiten zu erzeugen, die selbst wieder zustimmungsfähig sind. Zu diesem Zweck bilden Parteien — auf der Grundlage gemeinsam anerkannter Regeln — bei durchaus unterschiedlichen Programmen ein Interaktionssystem, das durch formelle Bedingungen geregelt ist:
— parlamentarische Debatte
— Ausschußwesen
— Geschäftsordnung der Organe.

Gestützt wird dieses formelle System durch ein informelles System: Kommunikation zwischen einzelnen Abgeordneten der verschiedenen Parteien aufgrund gemeinsamer Interessen und/oder bewährten Vertrauens; Kommunikation zwischen Fraktionsvorständen und einzelnen Abgeordneten sowie über außerparlamentarische Institutionen: Verbände und parteifreie Organisationen und Einrichtungen.

3. Die Verwaltung

Im Parteienstaat kommt der Verwaltung eine besondere Position zu und sie steht in einem besonderen Dilemma. Während sie unter Bedingungen der Regierung durch parlamentarisch nicht verantwortliche Fachministerien an nichts anderem gebunden ist als an fachlich richtige Verwaltung und Loyalität gegenüber quasi kontinuierlichem Regierungshandeln, wird sie im Parteienstaat einmal den Bedingungen wechselnder Mehrheiten ausgesetzt und zum anderen selbst Gegenstand parteilicher Aktivität.

Das Problem: Dem Parteienmonopol in der Legislative und an der Spitze der Exekutive steht dann in der Verwaltung kein parteiunabhängiges Berufsbeamtentum gegenüber. Die Analyse der Geschichte des Berufsbeamtentums hat zwar ergeben, daß die Beamten einer relativ einheitlichen Schicht entstammten, was heute aufgrund der Hochsteigerung des Begriffs der schichtenspezifischen Interessenlage automatisch, d. h. unreflektiert, als Parteilichkeit interpretiert wird, die Analyse der Verwaltungspraxis zeigte jedoch, daß das Berufsbeamtentum sich weitgehend distanziert zu gesellschaftlichen Prozessen verhalten hat und seine Aufgaben formal korrekt erfüllte. Parteiunabhängiges Berufsbeamtentum ist Voraussetzung für Objektivität in der Verwaltung.

Die Formel von sachlich richtiger Verwaltung ist zu formal, als daß sie Kriterium sein könnte. Es gehört vielmehr ,Uninteressiertheit' zur Voraussetzung der Verwirklichung von Gleichheit – als Handeln ohne Ansehen der Person und der Nutzungsrichtung der Sache. Der Staat als administratives Organ jenseits des Antagonismus der gesellschaftlichen Gruppen ist nicht Obrigkeitsstaat, sondern im Sinne von Lorenz von Stein Bedingung innergesellschaftlicher Befriedigung und Differenzierung der Potenzen, die allererst auch persönliche Freiheit ermöglichen. Ellwein dagegen spricht vom „Mißverständnis der Überparteilichkeit" als „Lebenslüge des Obrigkeitsstaates" (Ellwein: Regierungslehre, 170). Es ist jedoch immerhin festzuhalten, daß, wenn der erstrebte Zustand der Neutralität auch nicht faktisch war, er doch immerhin als Idee einen Platz hatte.

In der modernen Soziologie der Verwaltung wird zwischen dieser und der Regierung unterschieden. Der Unterschied besteht darin, daß die Regierung im politischen Prozeß mitwirkt, während die Verwaltung als unpolitisches Ausführungsinstrument gilt. Niklas Luhmann bezeichnet Politik als die Summe aller Kommunikationsprozesse, die im Vorfeld der öffentlichen Verwaltung dazu dienen, legitime Macht zu bilden. Im Gegensatz dazu handelt es sich bei der Verwaltung um die Verwendung dieser Legitimation in technischen Entscheidungsprozessen.

Regierung bedeutet Zuweisung von Aufgaben und Kontrolle der Verwaltungstätigkeit, für die sie die politische Verantwortung trägt. Insofern die Parteien die Regierung stellen, hat das Parlament als Ganzes nicht mehr die klassische Funktion der Regierungskontrolle, sondern nur der Verwaltungskontrolle. Regierungskontrolle wird zu einem Sonderfall der Opposition.

Die *idealtypisch* behauptete Trennung von Regierung und Verwaltung wird jedoch aufgehoben durch:

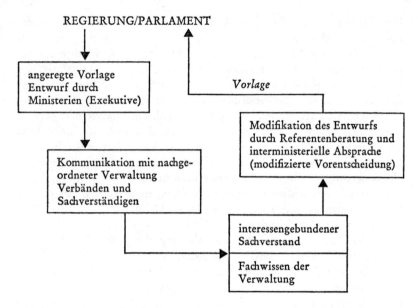

Abbildung 14: Prozeßverlauf eines Entwurfs

- Allgemeinheit der Gesetze, die der Verwaltung den Entscheidungsspielraum überläßt.
- Unmittelbare Mitwirkung der Verwaltung im politischen Entscheidungsprozeß durch Erstellung von Vorlagen und Entwürfen (vgl. Abb. 14).

Es *regiert*, wer *Entscheidungen* vorbereitet (Ellwein).

Im Vielparteiensystem wird die Verwaltung im mehrfachen Sinne zu einer *‚eigenständigen'* politischen Kraft:

- Mit häufigem Regierungswechsel wird sie leicht zum Träger einer kontinuierlichen Politik.
- Es bilden sich Informations- und Entscheidungseliten, denen dadurch entgegengesteuert wird, daß in die Verwaltung Partei-Funktionäre, oder doch zumindest Parteinahe inkorporiert werden: Ämterpatronage wird zum parteiorientierten Kontrollinstrument der parteilichen Legislative und Exekutive.

Diese Praxis kann an sich nicht negativ bewertet werden. Vielmehr muß die ‚herrschende' Partei, wenn sie tatsächlich die ihr durch Funktion zugefallene Verantwortung wahrnehmen will, Sorge tragen, daß sie die Verwaltung unter ihre Kontrolle bringt. Dies geschieht am ehesten durch die Ämterpatronage. Im Falle des Regierungswechsels ergeben sich daraus Schwierigkeiten, deren Lösungen zum Teil institutionalisiert sind, etwa durch die Ablösung der politischen Beamten. Auf anderer Ebene ist eine Revision bei langdauernder Regierung einer Partei beim Wechsel nur dadurch möglich, daß neue Stellen geschaffen werden. Sie dienen nun dazu, da der übernommene Apparat nicht gänzlich aufgelöst werden kann, politische Entscheidungen verwaltungspraktisch durchzusetzen. Denn immerhin ist die Verwaltung in der Lage, über die Art der Ausführung des Willens des Gesetzgebers entscheidend die politische Landschaft mitzubestimmen.

Jedoch ist dieser Faktor im System der gesellschaftlichen Kräfte nicht vorgesehen. Wenn er zu einer Kraft wird, genauso wie etwa das Heer, dann außerhalb der Legitimation des demokratischen Pluralismus. Faktisch können diese Bereiche der Verwaltung und des Heeres Einfluß ausüben und als politischer Faktor auftreten, jedoch nur dadurch, daß sie
— im Ermessensspielraum modifizieren,
— durch Verfahrensregeln komplizieren,
— gutachtlich tätig werden, also durch verwaltungsinterne Tätigkeit,
— sich der Berufsverbände bedienen, also ihren Einfluß verwaltungsextern geltend machen.

So sucht etwa die Gruppe der Steuerbeamten nicht über die Tätigkeit im Finanzamt, etwa durch bewußte Hintertreibung der Steuergesetzgebung Einfluß auszuüben, sondern über den Verband, ebenso versuchen Lehrer mehr über Lehrergewerkschaften und -verbände die Schulpolitik zu beeinflussen als durch eigene schulinterne Aktion. Dies wäre auch im strengen Sinne gegen das System der Verfassung.

Diese Hinweise zeigen, daß in der modernen, pluralistischen Gesellschaft die Handlungsbezüge — und oft genug auch die Ebenen — nicht nur vielfältig sind, sondern von jedem Einzelnen oft genug Abstraktion von seiner persönlichen Identität verlangen, denn was er etwa im Bereich eines Verbandes fordern darf und mit seiner Hilfe durchsetzen möchte, darf er noch lange nicht in seiner Rolle als Auftragshandelnder realisieren.

4. Verbände

Verbände sind quasi die institutionalisierte Reaktion auf funktional-anonyme Strukturen unter mobilen Bedingungen pluralistischer Gesellschaften. Sie entstehen geradezu als Pendant einer pluralistischen, funktionsteiligen Gesellschaft, die personenbezogene Identität in einem Pluralismus von Funktionen auflöst und in der das Individuum nicht durch sein eigenes Selbstverständnis bestimmt ist, sondern entsprechend der von ihm wahrgenommenen, gesellschaftlichen Funktionen, dem Rollenset, definiert wird.

Die Auflösung der personenstandsbezogenen Organisationsweisen, der Stände und Zünfte, die kollektiv das spezifische Interesse der in ihr verfaßten gesellschaftlichen Gruppen formulierten und schützten, wird kompensiert durch die Etablierung der Verbände, von denen man in der Regel mehreren angehören kann. Ausgenommen sind Verbände mit sogenannten Gegnerfreiheit — Ausschließung von Mitgliedschaft in Gewerkschaft und Arbeitgeberverband zugleich. Ansonsten aber besteht absolute Vereinigungsfreiheit, zu der die Koalitionsfreiheit ein historisch begründetes Sonderrecht darstellt.

Im Grundgesetz erlangen Vereinigungsfreiheit (etwa Art. 5 und 8 GG) und Koalitionsfreiheit (Art. 9 Abs. 1 GG) verfassungsrechtlichen Rang. Allerdings ist der Normgehalt des Art. 21 GG, der die Parteien sanktioniert, höher, und zwar deshalb, weil hier eine direkte Verfassungsbestimmung vorliegt, während die Koalitionsfreiheit in Anwendung auf die Interessenverbände ein Interpretationsergebnis ist.

Wesentlich ist Hättich zuzustimmen, daß die Interpretationen des Verbandswesens und seines Rechts auf die Wirtschaftsverbände zu beziehen, eine Verkürzung darstellt. Danach wären in unserer Gesellschaft wesentlich nur Unternehmer- und Arbeitnehmerinteressen verbandlich legitim vertretbar. Stimmt aber der Ansatz der Herkunft der Verbände, dann sind durchaus auch weitere Bereiche von Interessen benennbar, die gesellschaftlich zu vertreten wären, nämlich alle jene Interessen, zu deren Artikulation die Individuen in der mobilen Massengesellschaft unfähig sind. Damit aber wird der Begriff des Interesses zu einer anthropologischen Kategorie, die mehr umfaßt als ein materiell verortbares Wirtschaftsinteresse. Ideelle Vereinigungen und Kirchen haben damit ebenfalls ein Recht, wenn nicht gar Pflicht, an der Interessenartikulation im System der öffentlichen Meinung mitzuwirken.

Verbände haben die Funktion der Interessenvertretung gebündelter Einzelinteressen gegenüber Staat, Parteien und anderen funktio-

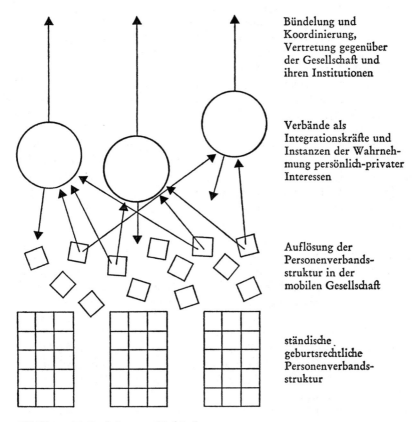

Bündelung und
Koordinierung,
Vertretung gegenüber
der Gesellschaft und
ihren Institutionen

Verbände als
Integrationskräfte und
Instanzen der Wahrneh-
mung persönlich-privater
Interessen

Auflösung der
Personenverbands-
struktur in der
mobilen Gesellschaft

ständische
geburtsrechtliche
Personenverbands-
struktur

Abbildung 15: Funktion von Verbänden

nalen Institutionen des gesellschaftlichen Willens und seiner Administration. Sie dienen der Selbsthilfe und Selbstverwaltung, ohne
daß sie gewillt wären — oder dazu verpflichtet werden könnten —,
gesamtstaatliche/gesamtgesellschaftliche Verantwortung zu übernehmen. Sie sind Organe der Identitätsbildung ansonsten verein-
zelter Subjekte und im freien und offenen Prozeß der außerstaatlich
konkurrierenden Willensbildung angesiedelt (vgl. Abb. 15).

Festzuhalten ist vor allen Dingen, daß der Begriff des Interesses in der
Theorie des Verbandswesens und der Dynamik der modernen Gesell-
schaft und ihrer Kräfte eine nicht wegzudenkende Rolle spielt. Für David
Hume ist Interesse eine Grundlage des Koalierens überhaupt. Bei Joseph

H. Kaiser gehört Interesse zu den „Archetypen menschlicher Bewußtseinsinhalte, die auf dem Grunde alles politischen Lebens wirksam sind" (ders.: Die Repräsentation organisiert Interessen, Berlin 1956, 9). Max Weber, der sich besonders durch die Analyse der Frage hervorgetan hat, ob es durch das gesellschaftliche Sein zum Bewußtsein komme, oder ob das Bewußtsein das gesellschaftliche Sein bestimme und zum Ergebnis kam, als letztere sei der Fall, bestimmte:

„Interessen (materielle und ideelle) nicht Ideen, beherrschen unmittelbar das Handeln des Menschen. Aber die ‚Weltbilder', welche durch Ideen geschaffen wurden, haben sehr oft als Weichensteller den Rahmen bestimmt, in denen die Dynamik der Interessen das Handeln fortbewegt" (Marianne Weber; Max Weber, Tübingen 1926, 347).

Das Interesse ist als die politische Kategorie definiert, und zwar insofern als Interesse und Politik praktisch sind. Seine Rahmenbedingungen und das heißt auch Rechtfertigungszusammenhänge findet es durch die Ideen, die somit nicht unterhalb der Interessen stehen, sondern für diese den Rahmen abgeben. Interessen sind das Motivierende, Antreibende der Umsetzung einer Idee in Praxis.

Für die Verbände ist unter Berücksichtigung der Tatsache, daß auch ein Taubenzüchterverein das Interesse seiner Mitglieder pflegt, eine Definition gefunden worden, die berücksichtigt, daß es beim Verband wesentlich um Außenwirkung geht.

Es genügt also nicht — politisch gesprochen —, ein Interesse zu haben, sondern es muß eine bestimmte Richtung nehmen, nach außen: auf die übrige Gesellschaft. Das bedeutet, daß gegebenenfalls aus einem Taubenzüchterverein ein Verband werden kann, wie aus einem Verband auch eine Partei zu werden vermag.

„Interessenverbände sind sozialautonome Willensgruppen natürlicher Personen und/oder juristischer Personen des Privatrechts und/oder juristischer Personen des öffentlichen Rechts — (soweit die Willensgruppe durch Aufnahme oder Zusammenschluß der letzteren nicht öffentlich-rechtlicher Verband wird) —, die sich — im Bewußtsein gleicher oder verwandter Teilinteressen von unbegrenzter Variationsbreite — ... vereinigt haben mit dem Hauptzweck, die isolierten oder kombinierten gleichen oder verwandten Teilinteressen ihrer Mitglieder mit unpolitischen und/oder mit politischen Mitteln gegenüber der Öffentlichkeit, dem Staat und/oder dem Markt zu vertreten und zu fördern, ohne das Bestreben, die staatliche Macht eigenverantwortlich auszuüben, und ohne dauernde einseitige Ausrichtung auf reine Markt- und Wettbewerbsinteressen" (nach G. W. Wittkämper: Grundgesetz und Interessenverbände, Köln und Opladen 1963, 32).

Verbände stellen kein Herrschaftsinstitut dar. Sie werden dazu vielmehr erst außerhalb einer pluralistischen Gesellschaft, wenn sie vom Staat verordnet und die Mitgliedschaft in ihnen für alle Staatsbürger oder solche, die Staatsbürgerrechte genießen wollen, verpflichtend wird. Verbände in der freien und offenen Gesellschaft stellen einen Machtfaktor dar und sie disponieren selbst darüber, ob sie Macht ausüben wollen oder nicht. Der Staat darf sie weder daran hindern noch dazu zwingen. Insofern ergeben sich etwa auch Probleme, wenn der Staat über die Empfehlung von Lohnleitlinien hinausgehen wollte und etwa die Verbände zu bestimmten sozialpolitischen Verhalten nötigte.

Herrschaftsfunktionen kommen den Verbänden nicht zu. Im nichtpersonalistischen System moderner Demokratie läßt sich diese Herrschaftsausübung nur in einer Institution verorten. Diese Institution ist in der repräsentativen-parlamentarischen Demokratie das Parlament. Für dieses Institut sind die Herrschaftsfunktionen festgelegt. Die Parteien üben sie nicht qua Parteien aus, sondern nur sofern sie durch Wahl im Parlament mit der Herrschaftsausübung beauftragt sind und sie rein numerisch den Regeln des Parlamentarismus entsprechend verwirklichen können.

Verbände besitzen Macht. Sie besteht in der Fähigkeit, Mehrheiten so auf sich zu vereinigen, daß daraus Entscheidungen hervorgehen können oder doch zumindest beeinflußbar sind.

Das pluralistische System des Parteienstaates der modernen Demokratie zeichnet sich durch eine mehrstufige Organisation intermediärer Gruppen aus, die auf ihrer jeweiligen Stufe durch spezifischer werdende Zielsetzungen ausgezeichnet sind. Die Verbände setzen die Politik als Mittel ein, während sie für Parteien Zweck ist.

„Während die politischen Parteien darauf abzielen, durch die Beteiligung an Wahlen eine Vertretung in der parlamentarischen Repräsentativkörperschaft zu gewinnen, und in der Regel mit einer Programmatik auftreten, die sich auf die Gesamtheit der parlamentarisch zu behandelnden und zu entscheidenden Staatsaufgaben bezieht, verkörpren die Verbände besondere Interessen bestimmter Gruppen" (aus: Bericht zur Lage der Nation, 1972, 45).

Das Zahlenverhältnis zwischen Verbänden und Parteien — es wird mit der Existenz von ca. 3600 Verbänden bei vier Parteien gerechnet — macht die unterschiedliche Funktion und Bedeutung klar. Zwar wirken die Parteien bei der Willensbildung mit. Deren Organisation geschieht aber wesentlich auf der Ebene der Verbände. Die Verbände als intermediäre Elemente bündeln Macht und Meinung, während die Parteien sie in ein herrschaftsfähiges Organisationsverhältnis überführen. Das Verhältnis zwischen beiden ist denn auch nicht einsinnig, sondern ein System der Wechselbeziehungen: Verbände suchen die Mitgliedschaft in Parteien, ohne daß es in der Bundesrepublik deshalb zu indirekten Mitgliederzahlen käme und Parteien versuchen verbandsähnliche Gebilde zu institutionalisieren.

Dadurch, daß Verbände tätig werden, wird ihnen also eine Bündelungsfunktion zugeschrieben. Gleichzeitig damit haben sie aber auch eine Befriedungsfunktion, da sie schon auf der vorstaatlichen Ebene mindestens durch die Organisation ähnlicher Interessen ein gewisses Prinzip der Vereinigung von unterschiedlichen Intentionen bewerkstelligen. Da sie aber damit rechnen müssen, daß ihre Mitglieder womöglich über andere Verbände andere Interessen verfolgen, die im Extremfall einem momentan verfolgten Interesse entgegenstehen, sind sie gehalten, den Kampf um ihr Interesse gegen die Interessen anderer Verbände auf einer niedrigen Kampfebene auszutragen. Dadurch tragen sie zur Befriedung bei; wie auch dadurch, daß sie schon im vorherrschaftlichen Bereich, die Konfliktpotentiale aufdecken, die es im Kompromiß der herrschaftlichen Entscheidung zu vermitteln gilt und deshalb also den Kompromiß selbst vorbreiten helfen. Dies geschieht etwa durch die Lobby, wie auch durch die öffentliche Anhörung, die in der Regel zusätzlich zur Kritik auch den Alternativvorschlag verlangt, wenn sie im System der Interessenkonkurrenz einige Aussicht auf Erfolg haben will.

Es darf nicht unterschlagen werden, daß die Verbände über die Parteien Zugang zum Machthaber haben und dadurch herrschaftsbeeinflussend wirken. Dabei ist nicht eindeutig abgeklärt, wie sich das Verhältnis von Macht und Herrschaft im dynamischen Prozeß gestaltet, nämlich wann Macht in Herrschaft umschlägt, auch ohne daß das formale System eingehalten wird. Gerade dieses Problem aber beschäftigt die Gemüter und führt — aus Mangel an operationalisierbaren Kriterien — zu Verdächtigungen. Wohl läßt sich im Einzelfall durch Fallstudien und Prozeßanalysen zeigen, welche Interessengruppierung bei einer Entscheidung Machteinfluß besessen hat, inwieweit aber die dabei gewonnenen Aussagen verallgemeinert werden können, so daß etwa die Aussage möglich ist, die wahren politischen Entscheidungen fielen nicht in den dafür vorgesehenen Institutionen, sondern im kontrollfreien Bereich Nicht-öffentlicher-Kommunikation der Verbände, ist ungeklärt. Otwin Massing ist jedoch der Meinung, daß die *Methodologie* der *Verlaufsanalysen* es gestatte, zu folgender Aussage zu kommen:

Der Verbändeeinfluß bezieht sich durchweg „auf die institutionalisierten Kommunikationswege, und zwar in allen Phasen des Gesetzgebungsprozesses. Insofern ist das kulturkritische Gerede von der unkontrollierten ‚Herrschaft der Verbände' ... teils Zweckpessimismus, teils Ergebnis undurchschauter, weil empirisch unerforschter Zusammenhänge; desgleichen die Ansicht, der Einfluß der Verbände mache sich hauptsächlich in der Vorbereitungsphase des Referentenstadiums geltend" (Otwin Massing: Parteien und Verbände als Faktoren des politischen Prozesses. Aspekte politischer Soziologie, in: G. Kress/D. Senghaas (Hrsg.): Politikwissenschaft, Frankfurt 1973, 294 f.).

Hingegen kommt der Versuch, den überforderten Staat der Industriegesellschaft zu beschreiben, zu ganz anderen Aussagen, nämlich denen, daß der moderne Staat des Rechts und der formalen Gleichheit, der selbst nichts besitzt, aber über alles zu verfügen vermag, abgelöst sei durch den Feudalismus des Daseinsvorsorgestaates, in dem unkontrollierte und nichtverantwortliche Gruppen die Macht ausüben und letztlich den Staat erpressen:

„In ganz Westeuropa setzt sich der Verdacht durch, daß die Regierungsmacht nicht mehr von denen ausgeübt wird, die dazu nach der offiziellen Verfassung berufen sind, sondern von unter- und außerstaatlichen Gruppen, seien es nun Gewerkschaftsbürokratien, multinationale Konzerne oder auch die Cliquen des medial-pädagogischen Komplexes, die Gegenkirche der elektronisch ausgerüsteten Gesinnungsgaukler, Sophisten und Meinungsmacher ... Die gleichzeitig zu beobachtende Expansion staatlicher Aktivität in den verschiedensten Lebensbereichen kann ... nicht darüber hinwegtäuschen, daß ein Zuwachs an Staatlichkeit keineswegs damit verbunden ist. Der Staat ist verantwortlich für Vollbeschäftigung, Kreditwesen, Transport, Straßenbau, Post- und Fernmeldewesen, Umweltsanierung, Gesundheit, Schule, „Bildung" und andere Gebiete. Er ist der große Volkseinkommensumverteiler und Arbeitgeber — immer mehr Menschen verdienen ihren Lebensunterhalt direkt oder indirekt als Bedienstete des Staates. Doch diese Zunahme an Aufgaben, die durchweg nicht selbst gesetzt, sondern ihm von der Gesellschaft oder mächtigen gesellschaftlichen Gruppen auferlegt worden sind, bedeutet im Endeffekt keine Stärkung, sondern eine Schwächung des sich aufblähenden, zunehmend in ein Geflecht kleiner und großer nichtstaatlicher, neufeudaler Herrschaftsträger sich verwickelnden und immer erpreßbaren Staates" (Gerd-Klaus Kaltenbrunner [Hrsg.]: Der überforderte schwache Staat, München 1975, 9 f.).

Massing versucht diese negative Interpretation des Verbandseinflusses herunterzuspielen und sie als Ergebnis mangelnder Empirie zu bezeichnen. Jedoch dürfte fraglich sein, ob dieser Hinweis genügt, um den mannigfaltig — auch wissenschaftsseits — geäußerten Verdacht zu beseitigen. Denn immerhin wäre die letzte Aussage Massings, der Einfluß mache sich nicht immer auf der Referentenebene bemerkbar um verschiedene Einflußbereiche ergänzbar, etwa durch den Zugang zu den Abgeordneten, der Regierung und der regionalen und lokalen Exekution der Beschlüsse.

Als Mittel der Beschränkung der Verbandseinflüsse auf die verantwortlichen Institutionen der *Machtbildung* und *Machtausübung* werden gefordert:
— Gewährleistung der finanziellen Unabhängigkeit der Parteien von Interessengruppen,
— wissenschaftlichen (unabhängigen) Beratungsdienst für das Parlament und seine Abgeordneten,
— Stärkung der Regierung durch unabhängige Fachbeamte oder durch Auslagerung von Entscheidungsaufgaben zu „unabhängigen Institutionen" (z. B. Bundesbank); (vgl. Naßmacher: Politikwissenschaft I, 1970, 137).

Durch die Verpflichtung der Abgeordneten, Nebeneinnahmen beim Parlamentspräsidenten zu deklarieren, wird etwa ein Versuch unternommen, die finanziellen Abhängigkeiten zu registrieren.

Verbände stellen also ein komplementäres Institut der hochkomplexen, differenzierten Gesellschaft dar. Sie treten an die Stelle etablierter Stände eines überschaubaren Ordo und reagieren auf die vielfältigen Pluralitätserscheinungen mobiler Gesellschaften. Sie sind einerseits ein Hilfsorgan zur Strukturierung, andererseits wirken sie aber selbst wieder mobilisierend. Strukturierend wirken sie als Organisation.

Organisationen sind „kooperative Teilsysteme mit einem angebbaren Kreis von Mitgliedern und gewissen Zielsetzungen. Voraussetzung ist in jedem Fall eine weitgehende Interessenharmonie der Beteiligten, ferner das Aufeinanderangewiesen- und Aufeinanderbezogensein der Mitglieder" (Baumann, in: H. Leo Baumanns und Heinz Großmann: Deformierte Gesellschaft?, Hamburg 1969, 19).

Da Verbände in der Regel diesen Bedingungen entsprechen, wenn man den Begriff der Interessenharmonie nur nicht zu eng faßt, können sie als eine Instanz gesellschaftlicher Integration und Identitätsbildung angesehen werden. Wobei sie jedoch im Unterschied zu Ständen derart offen sind, daß dem einzelnen Mitglied verschiedene Mitgliedschaften in verschiedenen Verbänden möglich bleiben, ohne daß deren Zielsetzungen im systematischen Verstande kommensurabel zu sein braucht. Die Mitgliedschaft bestimmt sich vielmehr aufgrund von Zweckmäßigkeitsentscheidungen des einzelnen Individuums, wobei allerdings in der Regel die Mitgliedschaft sich nach den Funktionen ausbildet, die aufgrund der Zielsetzung und Interessenlage für Schichten und Gruppen gleichen Ranges am ehesten maßgeblich sind, so daß eine bestimmte Verbändegruppierung in der Regel eine einheitliche Rekrutierungsbasis hat. In diesem Zusammenhang wirken Verbände dann auch stärker integrierend als nur aufgrund der Mitgliedschaft in einem Verbande, vielmehr wirken sie dann als Systemeinheiten, die großflächig oder mitgliederintensiv Widerspiegelungen gesellschaftlich-politischer Zielrichtungen abbilden. Mobilisierend wirken Verbände aufgrund der Tatsache, daß sie Interessenvertretungen darstellen oder doch Instanzen gemeinsamer Interessenorganisation sind. In diesem Verstande aber wirken sie gegen andere Interessen und rufen deshalb deren Gegenreaktion hervor. Sie verstärken den Durchsetzungswillen der Konkurrenten.

Literatur

Klaus von Beyme: Interessengruppen in der Demokratie, Piper, München 1974, 243 Seiten.

Beymes Werk beschäftigt sich mit Grundbegriffen der Verbandsforschung und deren Umsetzung auf das politisch relevante Verbandsverhalten. Entsprechend werden die Hauptprobleme berücksichtigt — etwa das Verhältnis von Interesse und Gemeinwohl. Zum Abschluß versucht der Autor das Problem des Interssenpluralismus offener Gesellschaften zu Inhalten der politik-theoretischen Diskussion in Beziehung zu setzen.

Josef Bennemann u. a.: Verbände und Herrschaft, Pluralismus in der Gesellschaft, Eichholz-Verlag GmbH, Bonn 1970, Handbücher der Politischen Akademie Eichholz, Band 3, 600 Seiten.

Neben grundlegenden Einführungen in politik-theoretische Probleme des Verbandswesens enthält dieses sehr systematisch angelegte Kompendium Aufsätze zur geschichtlichen Entwicklung der Verbände. Vorteilhaft ist die Tatsache, daß nicht nur die Wirtschaftsverbände berücksichtigt sind, sondern — der Intention Hättichs folgend — genauso kirchliche Verbände, Kulturvereinigungen, politische Vereinigungen und Organisationsformen der Wissenschaft dargestellt werden; Aspekte, die durch eine ökonomisch orientierte Machtheorie leicht vernachlässigt werden.

Wolfgang R. Langenbucher (Hrsg.): Zur Theorie der politischen Kommunikation, Piper, München 1974, 363 Seiten.

Öffentliche Meinung und Diskussion stellen wesentliche Faktoren des demokratischen Willensbildungsprozesses dar. Deren Funktion, aber auch Hemmnisse wie die Theorienentwicklung und die daraus folgende Reflexion der institutionellen Bedingungen zur Sicherung der Funktionstüchtigkeit der Faktoren bilden den Inhalt dieses Kompendiums. Die bekanntesten Vertreter der politischen Kommunikationstheorie, die primär im liberalen und basisdemokratisch orientierten Bereich entwickelt ist, sind hier vertreten.

Gerd-Klaus Kaltenbrunner: Der überforderte schwache Staat. Sind wir noch regierbar? Herderbücherei Initiative 7, München 1975, 190 Seiten.

Interessengruppen formulieren in der Regel Ansprüche, die sie gegen jemanden richten. Durch den Zusammenfall von Staat und Gesellschaft sind die Ansprüche gegen den Staat auch gleichzeitig solche gegen die Gesellschaft und umgekehrt. Der Staat als Zuteilungsinstanz steht nicht außerhalb des Streites der interessierten Gruppen. Da er sich im Streit befindet, kann er nicht schlichtender Richter sein. Er ist Partei. Welche Probleme sich hieraus ergeben, wird essayistisch bewußt gemacht.

Ernst Forsthoff: Der Staat der Industriegesellschaft. Dargestellt am Beispiel der Bundesrepublik Deutschland, Beck'sche Schwarze Reihe, Band 77, München 1971, 169 Seiten.

Im vergleichenden Rückblick auf den Staat und seine Entwicklung seit dem vergangenen Jahrhundert untersucht der Staatsrechtler Forsthoff Probleme des modernen Staates. Dabei spielt die Wirkung der Kräfte der offenen Gesellschaft bei der politischen Willensbildung und der Verlust dieser Monopole des Staates eine wesentliche Rolle. Forsthoff erweitert den politiktheoretischen Fragebereich um die Dimension des technisch ausgerüsteten Staates der Daseinsvorsorge. Damit kommt beim Nichtmarxisten Forsthoff eine Kategorie ins Spiel, die im marxistischen Jargon durch das Absterben des Staates und dessen Ersatz durch Organisation von Sachen gekennzeichnet wird. Forsthoff sieht darin einen Verlust der bürgerlich verstandenen Schutzaufgabe des Staates gegenüber dem Einzelnen.

V. Vertrag und Institution im modernen Politikdenken

1. Zum Verhältnis von Ethos und Recht

Während die Politiktheorie zumeist über Funktionsfragen der existierenden politischen Systeme nachdenkt, hat sich eine kritische Politikwissenschaft darauf konzentriert, die Legitimation dieser Systeme zu befragen. Inzwischen wird eine Legitimationskrise der modernen politischen Institutionen jedoch nicht mehr nur bei der Anhängerschaft dieser Politologenschule konstatiert, sondern die Beschäftigung mit dieser Frage geht quer durch die Wissenschaft und die politischen Lager. Das Problem der Legitimationskrise gehört nach einigen Interpreten zur politischen Wirklichkeit des Rechtsstaates, der jeglichen positiven Inhalt aufgegeben hat und nur noch der Rechtsschutzfunktion dient. Seine Situation im gesellschaftlichen Legitimationsprozeß wird jedoch verschärft, wenn er Rechtspolitik als Sozialpolitik betreibt und über die Sozialpolitik Rechtspolitik. Dies tut er jedoch dann, wenn er dem Prinzip der Daseinsvorsorge folgend zur Instanz der Umverteilung wird. Er wird dann Adressat aller interessierten Gruppen. Die für die Rechtspolitik unter dem Rechtstitel des Handelns ohne Ansehen der Person notwendige Objekttivität gerät in den Streit der konkurrierenden Interessen. Gegenüber dieser Situation des Staates und gegen die unbedingte Kritik des Institutionalismus wäre jedoch die positive Funktion des Rechtsstaates zu erinnern und sich zugleich seines Dilemmas bewußt zu werden.

Im Sinne des neuzeitlichen Staatsdenkens geht dem Staat jeder Zweck, der ihn zu einem bestimmten Handeln drängen könnte, verloren, mit Ausnahme seiner Schutzfunktionen. Nicht in der Tatsache, daß der Staat eine Verfassung hat, ist seine besondere Charakteristik als modernem Rechtsstaat gegeben, sondern in seiner Formalheit und inhaltlichen Unbestimmtheit. Das kennzeichnet gerade totalitäre Systeme — ohne daß sie hier inhaltlich gewertet würden —, daß sie nicht nur ein kodifiziertes Schema besitzen, das ihnen einen rechtlichen Schein verleiht, sondern daß sie sich als Vollstrecker eines Entzwecks interpretieren — als Instrument der Geschichte oder eines besonderen Willens. Recht wird dabei zum formalen Instrument der legalisierten Durchsetzung des höheren Zwecks. Der moderne Staat hat alle seine Mitglieder als Subjekt und Objekt zugleich und nicht nur einige wenige jeweils als Subjekt und alle anderen als Objekt. Der Gesichtspunkt der prinzipiellen Gleichrangigkeit aller im Demokratiegedanken beinhaltet dann auch, daß es in der öffentlich-rechtlichen Praxis im Prinzip keine Bevorzugung gibt. Inhaltlich ist er in seiner freiheitlichen Variante wesentlich dadurch bestimmt, daß er die Freiheit der Individuen zu seinem Zweck hat. Diese wird in einem für alle gleichen Rechtssinne ermöglicht und beschränkt. Dadurch, daß er die Freiheit seiner Mitglieder zu seinem Inhalt hat, wird die vereinzelte Subjektivität wesentlich zur Instanz der Entscheidung, denn sie bestimmt den ihr besonders zukommenden Charakter der Freiheit im moralischen Verstande und damit auch den Freiheitsgrad des Gemeinwesens.

Der rein formale Rechtsstaat ist die fortgeschrittenste Gestalt des öffentlich-rechtlich gewordenen, ethischen Bewußtseins, insofern er an der Sittlichkeit des Einzelnen orientiert, dessen Entscheidung offenhält und ihm damit auch die Last der Wahl läßt, in der er nur unter ganz bestimmten, kodifizierten Bedingungen inhaltlich regulierend eingreift.

Unter dieser Voraussetzung ist aber die behauptete Trennung zwischen homme (Mensch) und citoyen (Bürger) tatsächlich nicht vorhanden, denn in der Verweisung auf die Sittlichkeit des Einzelnen wird im Rahmen der öffentlichen Rechtsgeltung zugleich auch die Sittlichkeit des Ganzen durch die der Einzelnen bestimmt oder auch nicht. Die Empirie beweist dies Tag für Tag, daß nämlich die Unsittlichkeit und Rechtsbruch des Einzelnen zugleich auch Wirkungen auf die Sittlichkeit und das Rechtsbewußtsein des Ganzen hat. Es erweist sich unter dieser Voraussetzung aber nicht, daß die Formalisierung des Rechts und seine Trennung von der Moral ein Negativum für das gesellschaftliche Leben sei. Eine den sittlichen Lebenswandel erzwingende ethische Gesinnung läßt sich nicht nur nicht ermöglichen, sie ist in ihrer Effektivität auch nicht kontrollierbar, weil die überprüfbaren Handlungen nicht das Ergebnis einer ethisch vermittelten Einsicht zu sein brauchen, sondern eher das Ergebnis des Zwangs sind.

Weil eine grundlegende Differenz zwischen Gesinnung und Handeln besteht, kann auch kein totalitäres Regime dafür bürgen, daß die, die in seinem Sinne handeln, tatsächlich auch seine Gesinnung haben.

Die Prüfung auf die Moral der Gesellschaft findet in der Ausnahmesituation statt, in der der Zwang nicht mehr ausgeübt werden kann und jeder auf sich allein gestellt ist. Die Rechtsphilosophie des Deutschen Idealismus hat zu diesem Problem die Feststellung getroffen, daß eine

Differenz zwischen den rechtsnormativen Sätzen und den sittlichnormativen Sätzen nicht ausgesagt werden könne, sondern daß Recht die objektivierte Sittlichkeit des Ganzen sei. Dies sollte auch für den Fall gelten, daß der existente Staat nicht der der Freiheit war, sondern der Not- und Verstandesstaat, der zum Glück zwingt, denn in jedem Fall zeigt sich der Entwicklungsstand des sittlichen Bewußtseins im Verhältnis zur Praxis.

„Die Aufgabe des Rechts ist ... nicht die moralische Vollendung der Menschen, die ohne Terror mit den Mitteln des Rechts nicht herbeigeführt werden kann, sondern die verbindliche Ordnung ihres äußeren Zusammenlebens. Das Recht ist nicht Wahrheits- und Tugendordnung, sondern Friedens- und Freiheitsordnung ... Indem das Recht sich nicht dazu versteht, moralische Gebote um ihrer selbst willen mit Rechtszwang zu versehen, sondern — soweit nicht das geordnete äußere Zusammenleben in Frage steht — ihre Erfüllung der freien Entscheidung der einzelnen überläßt, sichert es die moralische Freiheit und sittliche Autonomie der Menschen" (Ernst-Wolfgang Böckenförde: Die Rechtsauffassung im kommunistischen Staat, München 1967, 90 f.).

2. Der Staat als Rechtsgemeinschaft

Das Recht ist als Satzung mit öffentlicher Geltung nicht identisch mit den Verbindlichkeiten der Ethik, aber auch selbst nicht Politik und damit nicht unmittelbar dem Meinungs-, Mehrheits- und Entscheidungskampf der Politik ausgesetzt. Wurde unter den Bedingungen, daß der Wille des Königs oberstes Gesetz (Regis Voluntas Suprema Lex) sei, das Naturrecht und Gottesrecht als vorgeordnetes Recht des Königs gefordert, so ist unter den Bedingungen der Demokratie, in der der Wille des Volkes, wie vermittelt auch immer, oberstes Gesetz ist (Populi Voluntas Suprema Lex), ein kodifiziertes vorrechtliches Recht (Naturrecht, Menschenrecht) und die Kodifikation selbst (Grundrechte) Rechtsgrundlage des Gesetzesrechts. Gegen die unvermittelte Geltung von Ethik und Politik und dem daraus resultierenden Potential innerstaatlicher Friedlosigkeit — weil die Bestimmungen des absolut Richtigen unter den Bedingungen der Mannigfaltigkeit der auslegenden Subjekte radikal verschieden sein können, jeder aber für sich auf das Seinige als letztlich Gültigem pocht — ist das *formale Konstrukt* des *Rechts*, der *Rechtserzeugung* und *Rechtsinterpretation* eingesetzt:

Das rechtsstaatliche Recht ist dadurch charakterisiert, „daß es besonderen Wert auf die Ausgestaltung von Formen und Verfahren legt. Dies nicht im Sinne eines Formalismus, der sich selbst genügt, sondern aus der Einsicht in die Eigenbedeutung von Formen und Verfahren gegenüber materialer Inhaltlichkeit, um unmittelbare Zugriffe oder direkte Aktionen, die im Namen eines Wortes oder eines materialen Prinzips auf den einzelnen oder auf die soziale Lebensordnung ausgeübt werden sollen, abzuwehren. Der Verweis auf geregelte Verfahren und festgelegte Formen, die jede Form der ‚action directe' verwehren, bedeutet . . . eine Schutzwehr der individuellen und sozialen Freiheit. Die Eigenbedeutung von Form und Verfahren bewirkt eine Sicherung für die Angemessenheit, für die Gegenseitigkeit und vor allem für die Subjektstellung des einzelnen im Recht" (Ernst-Wolfgang Böckenförde, a. a. O., 88; vgl. Abb. 16).

Für den modernen Staat sind also Rechtsprobleme Existenzprobleme, weil deren Lösung seine Legitimation bestimmen. Diese Problematik ist nicht theoretischer Natur, sondern vehement praktisch, wie an den Rückwirkungen der Rechtsachtung durch etwa Prozeßbeteiligte, seien es nun Richter, Anwälte oder Angeklagte, auf das konkrete gesellschaftliche Bewußtsein und das Handeln von Mehrheiten abgelesen werden kann. So etwa verliert das Recht seine Rechtswirksamkeit nicht nur dadurch, daß ihm Widerstand entgegengesetzt wird, sondern auch, wenn die Rechtspflege nicht wirksam wird oder nicht wirksam werden kann. Die Rechtssoziologie vor allem hat auf diesen Zusammenhang hingewiesen und vermag genügend Fälle auszuweisen, in denen das Prinzip der allgemeinen Rechtsgeltung und seines Pendants, die Sanktion, verletzt worden ist. Der Anspruch des Rechts, allgemein zu gelten, ist damit aber im Prinzip zerstört und damit auch die Achtung vor ihm, da es nun nicht mehr als allgemeines Recht auftritt oder erkannt werden kann, sondern zum Instrument der Willkür oder des Zufalls zu verkommen vermag. Allerdings ist daraus keine Kritik der Rechtssoziologie abzuleiten, sondern als Aufgabe erwüchse, die Aufklärung der Rechtspflege über die Folgen ihrer eigenen Mängel und die Information des Rechtsbürgers über die positive Funktion des Rechts für das gesellschaftliche Dasein.

Für das gesellschaftliche Dasein ist das Recht
— seinem Wesen nach: soziale Notwendigkeit
— seinem bleibenden Inhalt nach: Gegenseitigkeit.

Den Bezugspunkt des Rechts als sozialer Notwendigkeit und Gegenseitigkeit hat Sokrates in der Erklärung, warum er nicht vor den Folgen des

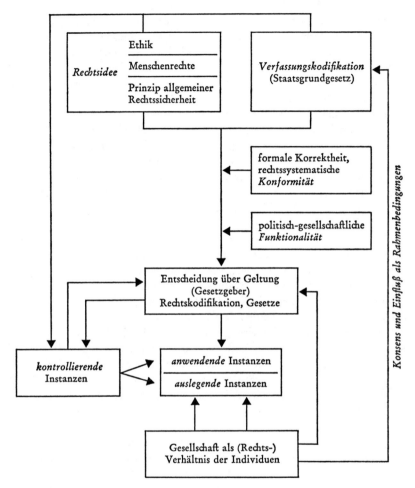

Abbildung 16: Systemaufbau des Rechts

Urteils des Athener „Volksgerichtshofs" fliehe, am entschiedensten deutlich gemacht, weil er diese Entscheidung auch mit dem Leben bezahlte. Nach ihm können die Gesetze, die jeden Einzelnen im Gemeinwesen in seiner Existenz befördern und ihm die Erziehung angedeihen lassen, sowie vor jeder subjektiven Willkür schützen diese Funktion nicht nur ohne Gehorsam der Bürger nicht erfüllen, sondern verlangt wird die Erfüllung der Gesetze auch dann, wenn sie in ihren Forderungen mißliebig werden, aber nach dem festgesetzten und anerkannten Verfahren zum Urteil kommen. Die Voraussetzung für die Anerkennung der Gesetze ist ihre Vernünftigkeit, wo sie es nicht sind, müssen die argumentativen Verfahren so gebessert werden, daß sie anerkennbar werden. Dabei geht Sokrates für die Stadtgemeinschaft der Griechen davon aus, daß die Gesetze das Ergebnis eines an richtiger Einsicht orientierten Prozesses sind, der die Beteiligung aller Bürger zuläßt (Platon, 50a—52a). Wenn der moderne Staat als kodifizierte Rechtsgemeinschaft bezeichnet wird, dann bedeutet das nicht, daß die früheren Staaten keine Rechtsprinzipien gekannt hätten, wohl aber, daß der Wirkungskreis des Rechts beschränkt war: Es erscheint nicht mit dem Anspruch allgemeiner, gleicher und unbedingter Geltung. Der Absolutismus ist geradezu Beispiel: Das Recht entwickelt sich zu einem Instrument der Anwendung ohne Ansehen der Person (Nivellierung der Stände) mit Ausnahme des Territorialherrn, dessen Merkmal es ist, legibus absolutus (vom Gesetz losgelöst) zu sein. Seine Bindung geschieht durch das Rechtsbewußtsein, tradiert aus dem christlichen Mittelalter in der Verantwortung vor Gott. Im Absolutismus transformiert sich dieses Bewußtsein in das politisch einsetzbare der allgemeinen Natur- und Menschenrechte. Das konstitutionelle Recht ist dann der Sieg des Rechtsprinzips als regulative Funktion über alle Besonderheiten. Der Fürst — oder wer immer — hat insofern Anerkennung und Geltung, als er Teil des kodifizierten Rechtssystems ist. Niemand steht außerhalb des Rechts, erst recht nicht darüber. Privilegien gibt es nur als rechtsfähig formulierte Besonderheiten, die aber dadurch die Qualität der Besonderheit verlieren, daß sie zu ihrer Geltung der Zustimmung der Allgemeinheit oder ihrer Institute bedürfen und allgemeinfähig werden.

Die Rechtsordnung wird zum Bestimmungsgrund der Ordnungsmittel des Staates, dessen Funktion die Wahrung der Rechtssicherheit und damit des Rechtsfriedens ist. Im Rechtsstaat erscheint das Recht mit dem Anspruch allgemeiner, gleicher und unbedingter Geltung. Im Falle eines besonderen Geltungsbereichs — funktionsbezogene Gesetzeskodifikation — wird die allgemeine Geltung erreicht, indem es für alle Fälle des besonderen Status formuliert wird — mit der Maßgabe, daß der Zugang zum besonderen Status generell möglich ist.

Wohlbemerkt handelt es sich bei diesen Bestimmungen des Rechtsstaates um Fragen der Bedingungen seiner Rechtsstaatlichkeit, nicht um Fragen seiner tatsächlichen Verwirklichung. Die Symptome der Staatsverdrossenheit und der Problematisierung der legislatorischen und juridischen

Instanzen in der Diskussion und im praktischen Handeln gegen die Institutionen verdeutlichen nicht nur Gegnerschaft überhaupt, sondern müssen, politisch ernst genommen, als Zeichen betrachtet werden. Zugrunde liegt eine Regression des Rechtsbewußtseins und die Selbstlegitimation der Gewalt durch ihre Faktizität. Allerdings kann dieser nicht entgangen werden, wenn im Rahmen der Emanzipation, die für die bürgerliche Gesellschaft konstitutiv ist, alle die Gewalt beschränkenden Elemente eliminiert sind und das Recht nur in Beziehung zu ihr grundgelegt erscheint (Ulrich Matz: Politik und Gewalt, Zur Theorie des demokratischen Verfassungsstaates und der Revolution, München 1975).

Das Faktum der Selbstlegitimation der Gewalt ist zwar qualitativ verschieden von dem der Selbstkonstitution des verfaßten Gemeinwesens, das sich ja gerade gegen die Willkürlichkeit der Gewalt wendet, aber im Akt der Selbstlegitimierung liegt die eigentliche Schwachstelle des modernen Staates. Der moderne Staat ist anfällig gegen usurpatorische Akte. Er ist dies mehr als andere Staatswesen, weil er durch Usurpation seinen eigentümlichen Charakter verliert. Die Usurpation eines Thrones etwa tangiert nicht den monarchischen Staat — höchstens den dynastischen Gedanken.

Der Charakter der *Selbstkonstitution* des modernen Staates wird beschrieben durch den Begriff des *Vertrages*:

Der konstitutionelle Staat ist ein Institut auf Gegenseitigkeit mit der Wirkung allseitiger Verbindlichkeit. Im Vertragssinne besteht ein solcher Staat nur zwischen denen, die anerkennen.

Ein so verfaßter Staat spiegelt im wahrsten Sinne des Wortes die gesellschaftlichen Verhältnisse wider. Zum einen wird von der fiktiven Idee der Gegenseitigkeitsbeziehungen ausgegangen, zum anderen wird aber am empirischen Staat deutlich, auf welche Verhältnisse sich die Gesellschaftsglieder einzulassen bereit sind und es wird nicht Höheres als die gesellschaftlichen Beziehungen und deren Anerkanntes für verbindlich erklärt.

Der konstitutionelle Staat ist zugleich der bürgerliche Staat und dieser ist ein Rechtswesen, das die Freiheit eines jeden vor der Freiheit aller schützt. In diesem Verstande lebt er durch das Prinzip der gegenseitigen Anerkennung.

3. Verbindlichkeit und Rechtstaatlichkeit

Einbezogen in dieses Prinzip zur *Erzeugung der Verbindlichkeiten* sind *drei Elemente*:

— *Naturrecht:*
   nicht-kodifiziertes Recht, dem keine Gewalt zur Durchsetzung zu eigen ist und das in diesem Zustand im höheren Sinne zwar Geltung beanspruchen kann, aber noch nicht zur Geltung gelangt ist. Es steht in einem legitimierenden Verhältnis zum kodifizierenden Rechtszustand.

— *Konsens:*
   Geltung des Vertragssystems, einschließlich seiner spezifischen Rechtsableitungen und empirischen Organisationsbedingungen durch anerkennende Übereinkunft.

— *Verfahren:*
   Formalisierung naturrechtlicher Implikationen und der Konsensinhalte in Beziehung auf erwartbare und damit kalkulierbare Funktionalität.

Die angezeigten Elemente der Rechtsstaatlichkeit setzen nun ganz entschieden voraus, daß der Bürger sich als Rechtssubjekt und -objekt in eins begreift. Denn Anerkennung in dem Verstande, daß daraus Gegenseitigkeitsbeziehungen im rechtsstaatlichen Verstande resultieren, setzt Bekanntheit mit dem Gegenstand der Übereinkunft voraus. Das bedeutet, daß Bürger, die den Charakter der Verfassung als etwas ihnen selbst äußerliches begreifen, den Charakter der Mündigkeit des Bürgers nicht besitzen.

Diesen Zustand zu vermeiden, war der Ansatz der konservativen Bildungsidee, die davon ausging, daß die jeweiligen Verhältnisse der Mitwirkung des Bürgers begrifflich von ihm selbst durchdrungen sein müssen, um dann auch verwirklicht werden zu können. Deshalb auch wurde das allgemein bildende Schulwesen — etwa von Lorenz von Stein — als staatliche Leistung gefordert; nicht also um eine Herrschaft affirmativ zu machen, sondern um den Staat als bürgerlichen zu ermöglichen. Dieser aber wurde mit der Idee der Freiheit identifiziert. Er schließt in seiner Entwicklung an die Prinzipien der Französischen Revolution an.

So wie Hegel die Geschichte als eine Geschichte des Bewußtseins der Freiheit interpretiert hat, läßt sich die Verfassungsgeschichte als die Geschichte der formalisierten Fixierungen der politisch-praktischen Transformation der Freiheits- und Gerechtigkeitsidee interpretieren, wobei sich die Beschränkung der Macht als das allgemeine Problem herausstellte.

In der Geschichte des Kampfes um die Limitierung von Macht und Gewalt — Sicherung vor Willkürakten des Ermessens genauso wie vor persönlichen Machtansprüchen — bildet sich als *Kennzeichen des modernen Rechtsstaates* aus:

— Die *Staatsgewalt* ist an die Verfassung gebunden; sie steht also nicht über ihr und existiert nicht losgelöst von ihr.
— Die *Verfassung* artikuliert die Grund- bzw. Menschenrechte.
— Die *Gewalten* sind geteilt — entweder funktional-personal oder funktional-konkurrierend oder formal-kontrollierend.

Diese *Prinzipien* werden weiter ausformuliert in folgende *Bestimmungen*:
— Bindung der Gesetzgebung an die Verfassung,
— Orientierung aller staatlichen Handlungen an ein formelles Gesetz,
— Bindung der Verwaltung und Justiz an Recht und Gesetz — das besagt an Rechtsbewußtsein und die Kodifikation des Rechts durch Gesetze,
— Rechtsgleichheit unter der Bedingung der Allgemeinheit der Rechtsgeltung mit Einschluß spezifischer Anwendungsmerkmale,
— Rechtsschutz des Einzelnen durch unabhängige Richter.

Die Formalisierung des Rechts, seine hohe Abstraktheit (Trennung von Volksrecht und Juristenrecht) verlangt einen Konsens darüber, wer rechtsentscheidende Instanz ist — mit allen Verbindlichkeiten, die daraus erwachsen. Die Kritik etwa an Bundesverfassungsgerichtsurteilen stellt eine Problematisierung abschließender Rechtsprechung — des justizförmigen Rechtsschutzes — dar. Der justizförmige Rechtsschutz ist nicht institutionalisiert, weil er Gerechtigkeit verwirklicht, sondern weil er orientiert an der Geltung des kodifizierten Rechts dafür eintritt, daß der Rechtsfrieden wieder hergestellt wird. Das geschieht aber nur, wenn die Instanzregelung auch akzeptiert wird und niemand versucht — nach Erschöpfung der Rechtsmittel — das Recht auf eigene Faust zu erwerben. Wenn dies geschieht, sind die institutionellen Regelungen der Rechtssicherung und des Rechtsfriedens in ihren Funktionen nicht akzeptiert und das Prinzip der Gegenseitigkeit ist in die Subjektivität verlagert, wo sie inhaltlich durch listige Überlegenheit aufgehoben wird.

4. Rechtsstaat, Polizeistaat, Justizstaat

Der Rechtsstaat im modernen Verstande ist eine Mittelfunktion zwischen
— *Polizeistaat* und
— *Justizstaat*.

Im Polizeistaat, der seine negative Charakteristik erst durch die Folgen der Karlsbader-Beschlüsse (1819) erhalten hat, als einem Verwaltungsstaat ist im Gegensatz zum Rechtsstaat der Machtbereich der Verwaltung so erweitert, daß eine starke Einmischung in das Privatleben der Untertanen möglich ist. In einem solchen Regime stellt das mit Macht ausgestattete soziale Ingenieurwesen die selbsternannte Voraussetzung des Glücks der Unternehmen dar.

Im Justizstaat, einer Abart des Rechtsstaates, ist der Rechtsprechung ein Übergewicht eingeräumt. Er befindet sich nicht in der Balance der drei Gewalten. Selbst politische Entscheidungen unterliegen der Nachprüfung durch die Gerichte auf ihre Rechtmäßigkeit. Die Souveränität liegt nicht mehr beim Gesetzgeber und auch die Zielfragen des Gesellschaftshandelns als ein dem geltenden Recht vorgegebener Rahmen fallen nicht in die Kompetenz der legislatorisch und politisch entscheidenden Körperschaft — im repräsentativen System unserer Verfassung: das Parlament. Die Offenheit der Grundrechte und die Bestimmungen des Art. 20 GG schließen einen Justizstaat wie einen Polizeistaat — idealiter — aus. Da aber der Rechtsstaat eine Mittelstellung einnimmt, bedarf es ständiger politischer Wachsamkeit, um eine Überbetonung des polizeilichen oder juristischen Elements zu vermeiden und beide auf ihre Grundrechtskonformität festzulegen. Es wird dabei aber auch deutlich, daß der Rechtsstaat nicht nur durch sein Subjekt-Objekt, den Bürger, verfälscht und ruiniert werden kann, sondern auch durch seine Institutionen — mit welchen guten Vorsätzen auch immer.

Die alte Frage des Verfassungsstaates, wer Hüter der Verfassung sei, beantwortet sich unter Berücksichtigung aller Bedingungen des bürgerlichen Rechtsstaats in letzter Konsequenz durch den Verweis auf den diesen Staat mitkonstituierenden Bürger in der Reife seiner Anlagen. Um diese Funktion zu erfüllen, deren Vernachlässigung geschichtlich vermittelte Bestrafung nach sich zieht — etwa Verlust der Freiheit eines Volkes, diktatorische Herrschaft u. ä. —, bedarf es der Bildung des Rechtsbewußtseins. Institutionell ist die Hüter-Funktion des Bürgers durch das Recht zum Widerstand (Art. 20 [4] GG) abgesichert. Für die Praxis des Alltagshandelns ist es jedoch formell auf der Ebene der Jurisdiktion institutionalisiert. Dies geschieht aus guten Gründen so: Einerseits wäre der Bürger ansonsten ständig mit der Staatsaufsicht befaßt und andererseits befände er sich sonst in stetem Auslegungsstreit mit seinesgleichen. Ein solcher Zustand aber ist der Ausnahmezustand. Vor ihm bewahren — immer bis auf weiteres — die Institutionen, deren Dilemma es ist, womöglich diese Funktion nicht mehr für die Gesellschaft wahrnehmen zu können, was dann in der Regel ihre Erledigung — Aushöhlung — bedeutet.

Literatur

Martin Kriele: Einführung in die Staatslehre, die geschichtlichen Legitimitätsgrundlagen des demokratischen Verfassungsstaates, rororo studium 35, Reinbek 1975, 350 Seiten.

Die hier vorgelegte Einführung geht systematisch vom Problem der Souveränität und Legitimität aus und versucht diese Probleme rechtlich und historisch zu behandeln. Die Notwendigkeit einer rechtlichen Sicherung des gesellschaftlichen Lebens über den gesellschaftlichen Prozeß hinweg — gar gegen ihn — wird deutlich.

Hermann Conrad: Der deutsche Staat, Epochen seiner Verfassungsentwicklung (843–1945), Deutsche Geschichte, Ereignisse und Probleme, Band 10, Ullstein, Frankfurt/M. – Berlin 1969, 219 Seiten.

Es handelt sich hierbei um die Verfassungsgeschichte eines Juristen, die in einer Reihe erschienen ist, die von einem Historiker betreut wird. Sie ist entsprechend weniger rechtssystematisch als historisch-entwickelnd angelegt. Weitgehend befindet sie sich auf der Höhe der Entwicklung verfassungsrechtlicher Fragen. Die knapp gehaltenen Informationen ermöglichen immer einen zureichenden Überblick.

Reinholf Zippelius: Allgemeine Staatslehre, Politikwissenschaft, Verlag C. H. Beck, München 1973, 302 Seiten.

In kurzen Abschnitten referiert Zippelius die Hauptbegriffe und -probleme der Theorie des Staates. Verhältnismäßig umfangreich wird das Problem der Rechtfertigung des Staates behandelt. Da jeder Abschnitt die wichtigste Literatur für sein Gebiet enthält, erfüllt dieser Text nicht nur seine Funktion, Grundwissen zu vermitteln, er ermöglicht auch ein eigenständiges Weiterstudium der Grundlagentexte der Theoriebildung. Bei Zippelius selbst wie bei den Grundlagentexten wird schnell deutlich, daß Texte der politischen Theorie keineswegs bloß theoretisch sind, sondern — abgesehen vom Problem des Autoreninteresses — selbst politische Wirkung entfalten.

Rudolf Wiethölter: Rechtswissenschaft, Fischer Tb 920, Frankfurt/M. 1968, 400 Seiten.

Dieser Versuch einer Einführung in die Rechtswissenschaft geht von der problematischen Voraussetzung aus, daß es eine Rechtssystematik nicht mehr gebe und eine Rechtswissenschaft noch nicht entwickelt sei. In diesem Zwischenstadium stellt der Text einen sehr interessanten Versuch dar, Probleme auch der Rechtsfremdheit weiter Bevölkerungskreise zu berücksichtigen. Da er im Funk-Kolleg erschienen ist, das sich an Nicht-Fachleuten wendet, kann dieser Text gut als Einführung dienen, wenn er kritisch und kompensiert durch andere Darstellungen gelesen wird.

Otto Kirchheimer: Politische Herrschaft, Fünf Beiträge zur Lehre vom Staat, edition suhrkamp 220, Frankfurt 1967.

Das Problem dre Herrschaftsorganisation und — -ausübung wird nicht bloß unter systematischen Gesichtspunkten behandelt. Vielmehr versteht Kirchheimer das Herrschaftssystem des Staates als das Ergebnis von Wechselbeziehungen zwischen Sozialordnung, Staatsverfassung und politischer Gewalt. In diesem Zusammenhang werden ,klassische' Probleme keineswegs vernachlässigt. Sie helfen vielmehr mit, den dynamischen Zustand des vergesellschafteten Staates und dessen Probleme im Lichte seiner Rechtsgestalt zu erhellen.

Günter Rohrmoser: Die Krise der Institutionen. Das wissenschaftliche Taschenbuch, Abteilung Geisteswissenschaften, Goldmann, München 1972, 86 Seiten.

Rohrmoser reflektiert das Problem der Institutionen vom philosphischen Standpunkt her und wendet sich dabei gegen modische Radikalität. Behandelt werden Modelle der Organisation der Gesellschaft: Anarchismus, Stalinismus, Maoismus, sowie die Lage des Staates. Das Verhältnis Rohrmosers zur Hegelschen Religionsphilosophie spiegelt sich im Abschluß der Aufsatzsammlung wider. Die zugrundeliegende These geht von der Notwendigkeit der Institutionen für eine vernünftige Struktur der Gesellschaft und der gesicherten Existenz des Einzelnen aus.

VI. Typen gesellschaftlicher Ordnungs-
vorstellungen

1. Probleme der Typenbildung

Kodifikationsform und -inhalt wie Theorie des Staates setzen den Begriff der gesellschaftlichen Ordnung voraus, da sie sich verstehen als die verfassungsmäßige Konkretisierung theoretischer wie praktischer Ansprüche und als Ausdruck des Selbstverständnisses oder auch Wesens der Gesellschaft.

Theorien und *Modelle* gesellschaftlicher Ordnung haben demnach *politische* Funktion. Sie dienen der Legitimierung oder Kritik praktizierter Ordnung. Sie verfolgen dabei unterschiedliche *Ansprüche* und stellen unterschiedliche Versuche der *Selbstrechtfertigung* dar:

— als behauptete deskriptive Beschreibung der Wirklichkeit der Gesellschaft und ihres Wesens beanspruchen sie unabdingbar Geltung — ansonsten die gesellschaftlichen Konkretionen falsch seien (Normativität des Faktischen);

— als Sollensforderungen an das gesellschaftliche Handeln sind sie mit den Implikationen der Gesellschaft nicht identisch, sondern leiten ihre Bestimmung mit kritischer Funktion aus anderen Wurzeln ab als aus Vorstellungen vom Wesen der Gesellschaft. Zu diesen Vorstellungen gehören individualistische wie kollektivistische Modelle, aber auch Konzepte, die von einer vorgesellschaftlichen, allerhöchstens historisch vermittelten Wahrheit ausgehen und die Gesellschaft daran messen, wie sie diese verwirklicht, bzw. ihre Verwirklichung ermöglicht (Normativität der Idee).

In der Theorie der mobilen Gesellschaft verschwinden solche Vorstellungen. Die Gesellschaft wird verstanden als das Produkt ihrer Selbstorganisation und als funktionales Gebilde zum Zwecke seiner eigenen Selbsterhaltung. Danach können gesellschaftliche Verhältnisse — ihre konkreten Ordnungsbedingungen — sich ständig ändern. Allerhöchstens sind Forderungen deklariert, die den Rahmen der Veränderung beschreiben, wie es dies etwa das Grundgesetz tut. Änderung bedeutet dabei keine Aufhebung der gesellschaftlichen Ordnung, sondern sie ist das Produkt des gesellschaftlichen Selbstvollzugs.

Diesem Ansatz nach wird die Gesellschaft nie als chaotisch interpretiert. Allerhöchstens befindet sie sich in Formen undurchschauter Veränderung. Im Prinzip aber besitzt sie stets Ordnung, weil sie sich in einer selbstgeschaffenen — nach der Dialektik von Herr und Knecht zumindest anerkannten — gesellschaftlichen Ordnung befindet. Erst in der demokratischen Gesellschaft wird der Zusammenhang allgemein behauptet, daß Gesellschaft immer die Form hat, auf die sich die zwischenmenschlichen Beziehungen — also die Verhältnisse zwischen den Menschen: die gesellschaftlichen Verhältnisse — selbst festlegen oder die anerkannt werden.

Diese offene Gesellschaft ist nicht auf einen ihr vorgegebenen Inhalt festgelegt. Sie greift auf eine anthropologische Aussage zurück, dernach der Mensch das nicht festgestellte und daher weltoffene Wesen sei. Diese Aussage gibt dann auch hypothetischen Versuchen der Stabilisierung mobiler Gesellschaften eine Legitimation. Der empirisch feststellbare Wandlungsprozeß führt zur Bestimmung der mobilen und permissiven Gesellschaft, die zum steten Experimentierfeld der ‚willkürlichen‘ Gestaltung der Gesellschaft wird.

Generell geht das offene Konzept von einer wesentlichen Unterscheidung aus, um das Dilemma seiner Unterscheidungslosigkeit einzugrenzen. Da Inhalte beliebig sind, wird die grundlegende Frage der gesellschaftlichen Organisation auf Verfahrensprobleme — Methoden — verlagert. Allerdings ist es erst auf einer sehr hohen Abstraktionsebene möglich, sich mit methodischen Konzepten zu identifizieren. Deshalb funktionieren sie auch kaum als Mittel der gesellschaftlichen Integration.

Tatsächlich leidet die moderne Gesellschaft an Zielmangel — verspürt als Sinndefizit —, ohne daß diese Feststellung auch zugleich die Bedingungen der Aufhebung nennen könnte. Der Zustand des Zielmangels hat allerdings eine Konsequenz: Er ermöglicht stets neue Zielangebote, die, wie alle vorherigen, negierbar sind. Immer neue Zielvorstellungen des gesellschaftlichen Daseins werden attraktiv — solange zumindest, bis sie durch das Räsonieren der veröffentlichten Meinung relativiert und damit in ihrem Versprechenscharakter aufgelöst sind. Nur dort, wo die öffentliche Meinung ausgeschaltet oder zentral gesteuert ist, funktionieren die Mechanismen der Identifikation durch die Bestimmung des Ziels des gesellschaftlichen Prozesses. Mit Hilfe einer Zwangsideologie, die durchaus disparate Momente in sich vereinigen kann, wird der Versuch unternommen, die Gesellschaft auf ein einheitliches Ziel auszurichten.

Genau diese Gesellschaften aber sind es, bei denen ebenso empirisch begründbarer Zweifel an der Fähigkeit zur Verwirklichung wie an der

Möglichkeit des endlichen Verstandes besteht, die Kritik der permissiven Gesellschaft so zureichend zu formulieren, daß daraus eine freie und dennoch nicht bloß emanzipativ, d. h. ohne jede Verbindlichkeit organisierte Gesellschaft entsteht, aber auch nicht eine solche, in der statt praktischer Freiheit ein Schein der Freiheit nominalistisch durch die Übereinstimmung von Freiheit und Notwendigkeit – bei Übernahme der Ensicht in deren Zusammenhänge – durch eine zentrale Parteistelle erzeugt wird.

Die negativen Erfahrungen mit der totalitären Gesellschaft haben Konzepte der Ideologiebildung als Identifikationsmuster in den Hintergrund treten lassen. Vielmehr hat sich ein formaltechnokratisches Konzept der gesellschaftlichen Selbststeuerung entwickelt, das in unterschiedlichem Maß autoritäre Züge trägt. Das technokratische Konzept der gesellschaftlichen Organisation geht davon aus, daß die Gesellschaft selbst ein Typ sei, der nach dem Modell materieller Produktion gedacht werden könne und mit Hilfe der Muster der exakten Wissenschaften und der von ihnen abgeleiteten Technologie erfaßbar und bearbeitbar sei. Selbst die Konstitutionsbedingung: der Konsensbildungsprozeß wird technokratisch gedacht. Es herrscht hier die Annahme, daß über den Weg der Konsensbildung im Zusammenhang empirisch richtiger Datenerhebung und schlüssiger Strategieanweisungen der gesellschaftliche Prozeß der administrativen Exekution des so ermittelten Gemeinwillens – als Ausdruck des Gemeinwohlwillens – unterworfen werden kann. Dies bedeutet aber, daß die Administration stets unter dem Titel gesellschaftlicher Selbstbestimmung firmieren kann, ohne jenseits des jeweiligen Faktums Konzepte zur Zielsetzung gesellschaftlicher Verhandlungen entwickeln zu müssen. Modellvorstellungen der Ordnung der Gesellschaft werden rein funktional zu Theorien der Gesellschaftstechnologie – bei einem Begriff von Gesellschaft, dernach sie sich durch relationale Beziehungen Einzelner und Gruppen konstituiert.

Technologische Theorien oder solche Theorien überhaupt, die sich verrechnen lassen, die also mit Kalkül-Modellen arbeiten, die die Überprüfung der Zielerreichung im Vergleich mit der Ausgangslage und der Mittelwahl – Vorkalkulation, Zwischenkalkulation, Schlußbilanz – ermöglichen, gehen von der Erhaltung des status quo auch unter komplexeren Bedingungen als Steuerungsgröße aus. In diesem Kontext wird Gesellschaft verstanden als eine sich selbst steuernde Größe, die als Inhalt ihrer Selbststeuerung die Selbsterhaltung hat, wobei sie tendenziell auf Reduktion der Kosten dieser Selbsterhaltung hinstrebt. Das führt zu rein formalen Vorstellungen der Zweck-Mittel-Relation und zur Ausklammerung politik-ethischer Vorstellungen. Die Kosten richten sich nach dem jeiweiligen Problemstand — der zur Aufrechterhaltung der Funktionalität zu lösenden Aufgabe. Ein ethisches Konzept könnte zwar davon ausgehen, daß es feststellt, daß ein Problem vorhanden ist, die zu einer Lösung vorgelegten Mitteln, jedoch aus prinzipiellen Gründen unerlaubt wären.

Der gegenwärtige Stand der Diskussion *gesellschaftlicher Ordnung* ist durch folgende *Problematik* gekennzeichnet:

— Inhaltliche Modelle unterliegen dem Ideologieverdacht.

— Funktionale Modelle sind der herrschaftssoziologischen Kritik ausgesetzt.

— Konzepte einer offenen Gesellschaft beantworten in der Regel weder das Bedürfnis nach inhaltlicher-sinnvoller Identifikation, noch die Anfrage nach praktischen Legitimationen für Regierungshandeln.

Es gibt weder einen Konsens darüber, was Wesen und Zweck gesellschaftlichen Daseins sei, wobei auch nicht das Faktum des gesellschaftlichen Daseins selbst ausreichend ist, noch gibt es eine Wissenschaft als Einheit, in der die Begriffe stimmig und außerdem noch für politsich-gesellschaftliche Praxis operationalisierbar wären. Dieser Zustand spiegelt sich nach *Luhmann* in folgenden Verhältnissen wider:

„Für Forschungen auf dem Gebiet staatlicher Politik und Verwaltung gibt es gegenwärtig keine unbestrittenen theoretischen Grundlagen. Die Zeit, in der die praktische Philosophie mit Ethik und Naturrecht als selbstevidenten Ausgangspunkten Fragen und Antworten konstruierte, ist vorbei. ,Macht' wird als Grundbegriff nur noch zögernd genannt und dann nur für einen partiellen Aspekt des Ganzen. ,Staat' ist eine sehr unbestimmte, analytisch wenig brauchbare Kategorie geblieben mit der Gefahr, daß, ergänzend und verdichtend, Tradition und Vorurteil einfließen. ,Government' leidet an der entgegengesetzten Schwäche, ins Institutionelle und Organisatorische präzisiert und so nicht mehr aus sich heraus verständlich zu sein" (N. Luhmann: Soziologische Aufklärung, 1970, 154).

Das Verhältnis der Gesellschaftswissenschaften zur Idee wie zur Realität ist hiernach gleichermaßen problematisch. Sie befinden sich auf der Suche nach der Wirklichkeit und erkennen dabei Vorgegebenes nicht an. Außerdem verweigern sie sich der metaphysischen Fragestellung.

Ihr damit einhergehender desolater Zustand hat seinen Niederschlag in der Weigerung gefunden, sich mit Fragen der Grundvoraussetzungen des gesellschaftlichen Daseins zu befassen und das spekulative Element dieser Frage als Hilfsmittel der Überprüfung sowohl der Wirklichkeit als auch im Wechselbezug mit der Theorienbildung zu reflektieren.

Der Stillstand der Dialektik (Rohrmoser) führt zu mißlungenen Versuchen der analytischen Begriffsbildung selbst der einfachen Faktizität, die es aufgrund der Interdependenzbedingungen von Welt gar nicht gibt. Mit dem Verlust aber des Weltbegriffs als eines Kosmos, der nicht nur durch die Mannigfaltigkeit von Erscheinungen bestimmt ist, wird die politische Theorie einer Ordnung und deren Erkenntnis, die den Teilen einen Sinn geben könnte, weil ihre Stellung in der Ordnung des Ganzen doch versucht wurde zu begreifen, unmöglich. In diesem Zusammenhang wird deutlich, wieso die analytische Theorie der Politik so gut wie jede andere Theorie, und das politische Handeln der politischen Philophie bedürfen oder anders: Wieso Wertvorstellungen, anthropologische Grundannahmen und Theorien des Gesamt des gesellschaftlichen Daseins zumindest aus hermeneutischen Gründen explizit notwendig sind. Implizit sind sie immer vorhanden und sei es als Theorie einer Gesellschaft, die durch nichts bestimmt ist oder einer solchen, in deren ungeordnetem Zustand der Mensch als des Menschen Wolf interpretierbar ist (vgl. Abb. 17).

2. Gesellschaft in Bewegung

An die Stelle von Typenlehren treten unter den Bedingungen moderner Industriegesellschaften Theorien der gesellschaftlichen Bewegung. Dies ist auch deshalb der Fall, weil Industriegesellschaften durch die Kategorie des gleichen, kalkulierbaren Nutzens — der Hochsteigerung des Begriffs der Utilität — alle ständischen, natürlichen und heiligen Bindungen verdampfen, wie in ihrer Kritik seit dem vergangenen Jahrhundert immer wieder festgestellt wird. Sie vermögen durch die industrielle Produktion ihr Kräftepotential zu steigern und dadurch die Bedingungen ihrer Selbsterzeugung zu optimieren, ohne daß dies auch schon Fortschritt genannt werden könnte. Denn in der Regel handelt es sich um bloße Akkumulation der gesellschaftlich vermittelten Arbeit zu Instrumenten der Reorganisation der Bedingungen des Status quo, ohne daß über die Verfügung und den Zweck entschieden worden wäre.
Entsprechend der Theorie der Industriegesellschaft, die sich in keinem Typus der Organisation und Ordnung mehr fassen läßt, entstehen *Typenbegriffe* der *gesellschaftlichen Bewegung*:
— Gesellschaft *horizontaler* und *vertikaler* Mobilität
— *offene* Gesellschaft
— *permissive* Gesellschaft u. a.
— Gesellschaft *permanenter Krisenbewältigung*.
Die Krisentheorie der modernen Gesellschaft ist die Theorie der Revo-

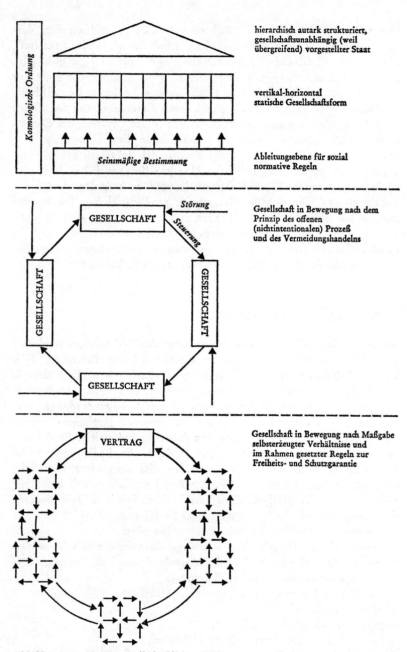

hierarchisch autark strukturiert,
gesellschaftsunabhängig (weil
übergreifend) vorgestellter Staat

vertikal-horizontal
statische Gesellschaftsform

Ableitungsebene für sozial
normative Regeln

Gesellschaft in Bewegung nach dem
Prinzip des offenen
(nichtintentionalen) Prozeß
und des Vermeidungshandelns

Gesellschaft in Bewegung nach Maßgabe
selbsterzeugter Verhältnisse und
im Rahmen gesetzter Regeln zur
Freiheits- und Schutzgarantie

Abbildung 17: Typen gesellschaftlicher Ordnungsvorstellungen

118

lution als Theorie exaltierter Dynamik. Ansonsten findet sich die Gesellschaft vorgestellt unter den Bedingungen eines dem technologischen Fortschritt angepaßten Evolutionsmodells, des freien Ausgleichs der gesellschaftlichen Kräfte durch die Chancen des Marktes, der einer systemtheoretischen Kybernetik der Gesellschaft entspricht.

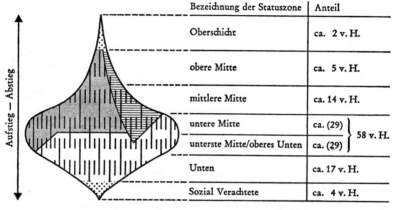

Bezeichnung der Statuszone	Anteil	
Oberschicht	ca. 2 v. H.	
obere Mitte	ca. 5 v. H.	
mittlere Mitte	ca. 14 v. H.	
untere Mitte	ca. (29)	58 v. H.
unterste Mitte/oberes Unten	ca. (29)	
Unten	ca. 17 v. H.	
Sozial Verachtete	ca. 4 v. H.	

Schichtenmodell

(Zwiebel u. Zahlen nach K. M. Bolte: Deutsche Gesellschaft im Wandel, Opladen ²1967, 316)

Gesellschaftliche Gegensätze werden durch eine breite, differenzierte (dynamische) Mittelschicht aufgefangen.

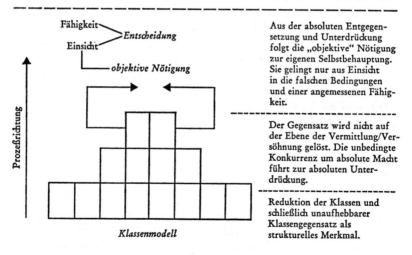

Fähigkeit
Einsicht → *Entscheidung*
— *objektive Nötigung*

Klassenmodell

Aus der absoluten Entgegensetzung und Unterdrückung folgt die „objektive" Nötigung zur eigenen Selbstbehauptung. Sie gelingt nur aus Einsicht in die falschen Bedingungen und einer angemessenen Fähigkeit.

Der Gegensatz wird nicht auf der Ebene der Vermittlung/Versöhnung gelöst. Die unbedingte Konkurrenz um absolute Macht führt zur absoluten Unterdrückung.

Reduktion der Klassen und schließlich unaufhebbarer Klassengegensatz als strukturelles Merkmal.

Abbildung 18: Schicht und Klasse

119

Allerhöchstens finden sich als gesellschaftliche Ordnungstypen noch die Begriffe Schicht oder Klasse, wobei die Differenz in deren Konstanz besteht. Während Schichten in der Regel unter Mobilitätsbedingungen betrachtet werden, so als wären sie vertikal durchdringbar, und damit tendenziell in der Aufhebung begriffen, gilt für den Klassenbegriff das Gegenteil. Die Klassen reduzieren sich auf einen Hauptantagonismus, der letztlich nur gewaltsam abgeschafft werden kann.

Die Theorie der Klassen enthält in sich den Aspekt eines strukturellen Bewegungsablaufs und eines voluntaristischen Elements, das aus der radikalen Wendung des Willens gegen die als absolute Negativität erfahrene Bewegung resultiert. Dieses voluntaristische Element vereinigt in sich die ,objektive' Nötigung der Negativität, die Einsicht und die praktische Fähigkeit (vgl. Abb. 18). Diese letzte Wendung bestimmt der Theorie antagonistischer Bewegung nach den Fortgang des gesellschaftlichen Prozesses in letzter Instanz, während jedes andere Fortschrittsmodell nur die partielle Verlängerung oder aufschiebende Verlagerung der strukturellen Bedingungen des status quo in all seinen Varianten zum Inhalt hat.

Eine scheinbar formale Variante der Bewegungstheorie der Gesellschaft ist die Gruppendynamik. Daß sie nur scheinbar formal ist, kann deshalb behauptet werden, weil sie das spezifisch inhaltliche Konzept des funktionalen Kollektivismus der arbeitsteiligen entpersönlichten Gesellschaft ist. In einem Fragehorizont, der die Bestimmungen aufsucht, welche unverwechselbar die strukturellen Bedingungen des gesellschaftlichen Daseins in der modernen Industriegesellschaft bestimmen, sind die Typen: Masse und Gruppe als Begriffe der Wissenschaft und der Organisationsverhältnisse der Gesellschaft aufgetaucht. Die Gruppe hat dabei idealtypische Funktion erhalten, deren Strukturen zugleich auch die der Gesamtgesellschaft sein sollen. Sie wird daher zum experimentellen Fall der sonst nicht im Labor zugänglichen Gesamtgesellschaft. Das Instrumentarium, mit dem die so verstandene Gesamtgesellschaft verdeutlicht wird, sind die Verfahren der Soziometrie mit ihren vielfältigen Anwendungsmöglichkeiten durch statistische Verfahren.

3. Haupttypen der Gesellschaftsdeutung

Dem bewegungstheoretischen Ansatz entsprechend hat die Typenlehre Abstand von den klassischen Vorbildern genommen. Deren Hauptmodelle waren: Monarchie, Aristokratie, Demokratie als verfaßte Formen eines vorverfaßten gesellschaftlichen Daseins — wie Platon und Aristoteles deutlich machen. Heutige Konzepte gehen wesentlich auf den Charakter der Organisation von Massen, der ideellen Selbstbegründung der Gesellschaft und Formen der Innovation zurück.

Karl Loewenstein unterscheidet danach zwischen zwei *Hauptformen*:

— Autarkie als Regime hoher Machtkonzentration und fehlender Machtteilung,

— Konstitutionalismus als Regime mit entwickelter Machtteilung und Machtkontrolle.

Von *diesen* beiden Hauptformen sind die *heutigen* Herrschafts- und Organisationsformen der Gesellschaft *abgeleitet*:

— *freiheitliche* Demokratie

— *autoritäres* Regime

— *totalitäre* Diktatur

Dieses grobe Modell, das sich auf fast alle Ordnungsbilder der Gesellschaft im überzeitlichen Zusammenhang übertragen läßt und nicht so an seiner Ungeschichtlichkeit leidet, wie Hartwich diagnostiziert, ermöglicht unter dem Gesichtspunkt der Frage nach der Selbststeuerungskapazität und der Freiheitlichkeit der Gesellschaft vergleichende Analysen sowohl der gesellschaftlichen Typenlehre, der Staatsformenlehre, der kodifizierten Verfassungen und der Verfassungswirklichkeiten verschiedener Gesellschaften in verschiedenen Regionen zu unterschiedlichen Zeiten. Das bedeutet, daß dieses Instrument heuristisch sehr fruchtbar ist, wenn man nur die Fragestellung seiner Anwendung anerkennt.

Die Haupttypen klassischer, gesellschaftlicher *Ordnungsvorstellungen* lassen sich folgendermaßen gliedern:

— *organologische* Gesellschaftstheorien

— *mechanische* Gesellschaftstheorien

— *konstitutionelle* Gesellschaftstheorien

— *anarchistische* Gesellschaftstheorien.

Organizistische Gesellschaftstheorien gehen davon aus, daß Gesellschaft etwas Gewachsenes ist, in dem es Teile an sich nicht gibt, sondern ein stets wechselseitiges Verwiesensein und Zusammengehören aller Organe des einen Körpers. Daraus resultiert eine Theorie der natürlichen Bindung, die allerdings auch Wertunterscheidungen zuläßt. So sind Kopf und Leib mehr wert als Hände und Füße, ohne die man notfalls leben kann, die aber nicht ohne Kopf und Leib zu leben vermögen. Schwieriger ist dieses Verhältnis schon zwischen Herz und Kopf oder Magen und Herz. Dieses Problem stellt sich ja auch in modernen Gesellschaften als das Problem der Unterscheidung der funktionalen Wertigkeit. Erst bei größerer Differenzierung der Funktionen wird eine Unterscheidung möglich. Welche von den Funktionen aber höher und welche niedriger ist, ist damit noch lange nicht geklärt — ein Problem, mit dem nicht nur organologische Gesellschaftstheorien zu tun haben, sondern auch solche, die am Leistungsbegriff orientiert sind.

Die Theorie der natürlichen Bindungen findet das Material ihrer Beweise in der Naturbeobachtung und identifiziert oder vergleicht menschliche Gesellschaften mit tierischen Gesellungsformen als den naturgeschichtlich früheren und unverstellteren Weisen organisch-sozialer Existenz. Verhaltensethologische Tatbestände werden homologisch interpretiert und umgekehrt. Weiter dienen ihr als Fundus der Argumentation Aussagen der Tiefenpsychologie, da diese in das Unverstellte und Eigentliche des Unbewußten, das hiernach — im Unterschied zu Freud — als das nichtsteuerbare Wesen gilt, forschend vordringt und es in seinem eigentlichen Sein-Sollen offenlegt, so daß es als Verhaltens- und Organisationsregulativ eingesetzt werden kann. Es wird kritisch gegen die Zivilisation und ihre „künstlichen" Gesellschaftsformen gewandt, die danach einen Verfall darstellen und dank der Erkenntnisse der Tiefenpsychologie therapiebedürftig erscheinen, sofern sie von den dort festgestellten Ordnungen abweichen. Erkenntnistheoretisch ergibt sich jedoch das Problem, ob es sich dabei nicht um tautologische Aussagen handelt, die zustande kommen, wenn die Voraussetzungen, die zur Interpretation des Menschenbildes gemacht werden, dann als die naturgegebenen Bedingungen seines Verhaltens gedeutet werden und eine naturrechtlich angelegte Verdoppelung zur Regelung der zwischenmenschlichen Beziehungen stattfindet. Außerdem finden sich in dieser Position Elemente, die kulturkritisch den Geschichtsprozeß negieren und auf einen biologisch reinen Entwicklungsprozeß, der zivilisatorisch verstellt sei, abzuheben versuchen. Als solche ist diese Theorie der transzendentalen, dialektischen Reflexion des historischen Gesellschaftsprozesses abgeneigt. Sie vermutet in ihm einen den Prozeß verfälschenden Intellektualismus, der neben einer faktischen Gegebenheit noch die freiheitliche Vernunft des menschlichen Handelns als selbständigen Grund der Gestaltung des Daseins annimmt.

Mechanisch orientierte Gesellschaftstheorien sind solche, die davon ausgehen, daß das gesellschaftliche Leben wiedergegeben werden kann in Begriffen der Physik. Der gesellschaftliche Bezug ist ein mehr oder weniger nach einem automatischen Prinzip von Kräfteausgleich aufgebautes System, in dem die einzelnen Teile Kräfte darstellen und das Ganze ein Kräftefeld ist, das auf Kräfteausgleich tendiert, wobei die Variante darin besteht, daß in gewissen Theorien ein Streben nach minimalem Kräfteaufwand, d. h. reduziertem Reibungsverlust als Grundlage des gesellschaftlichen Bewegungsprozesses angenommen wird. In diese Theorie läßt sich eine Physik der Gesellschaft dann einbauen, wenn die Gesellschaft nach Naturgesetzen interpretiert wird. Die Produkte der Bewegung gesellschaftlicher Kräfte lassen sich dann als die Summe der Kräfteverhältnisse quasi berechnen und in ihrer prozessualen Wirkung vorausbestimmen. Dies macht dann Vorhersagen über den gesellschaftlichen Bewegungsprozeß möglich. Zugleich wird damit die Gesellschaft als ein nach Naturgesetzen beherrschbares Feld verstanden, das demjenigen Handlungsmöglichkeiten läßt, der die Einsicht in den gesellschaftlichen Prozeß besitzt und die Technologie der Kräftesteuerung, der partiellen Minimierung und Maximierung der Kräfte zumindest zur Verfügung hat. Macht besteht dann in der Verfügung über die Steuerungsmittel. System- und Organisationstheorie werden zum wichtigsten Theoriebestandteil einer solchen Gesellschaftstheorie und die Demoskopie und bevölkerungspolitische Datenverfügung zum wichtigsten Mittel.

Konstitutionell orientierte Gesellschaftstheorien gehen davon aus, daß Gesellschaften auf *zwei Ebenen* existieren können

a) in einem Naturzustand, in dem jeder jedermanns Feind ist und keine Sicherung stattfindet und die Gesellschaft ein formloses, chaotisches Dasein hat,

b) in einem Vertragszustand, in dem sich alle Glieder der Gesellschaft auf eine bestimmte Form ihres Zusammenlebens und der Regelung ihrer Verhältnisse einigen und auch darauf, mit welchem Mittel sie diesen Vertrag gewährleisten wollen.

Der Konstitutionalismus ist die Theorie der neuzeitlichen Gesellschaft. Er geht hervor aus der Destruktion der Natur durch die Destruktion des Kosmos der Welt, womit auch die Natur ihre ordnende Funktion verliert. Er ist identisch mit der Theorie des homo faber, wie er die Neuzeit bestimmt, nämlich daß die menschlichen Verhältnisse letztlich nur die sind, die der Mensch selbst gemacht hat. Der Konstitutionalismus ist die Verfassungstheorie des Reichs des Menschen (Bacon).

Anarchistisch orientierte Gesellschafttheorien machen zwei mögliche *Voraussetzungen:*

a) der konstitutionell verfaßte Staat ist unmenschlich, weil seine gesellschaftliche Ordnung den Menschen einengt. Der natürliche Zustand ist besser, in dem der Mensch sich selbst und seinen Bedürfnissen zu leben vermag und die Menschen sich frei, entsprechend ihren Bedürfnissen und ohne weitere Bindung, weder substantiell noch zeitlich, in Gruppen zusammenfinden,

b) die Menschen vermögen sich ihrer Vernunft auch ohne Leitung eines Anderen, sei er auch durch Konstitution dazu beauftragt, zu bedienen und ein vernünftiges Leben zu führen, wenn man sie nur läßt. In Wahrheit ist ein System der Gesellschaft eine vereinseitigende Festlegung, die den Möglichkeiten der autonomen Vernunft mit dem Anschein einer vernünftigen Konstitution unerträgliche Fesseln auferlegt, die der Würde des Menschen als autonomen Vernunftwesen widersprechen. Deshalb kann die herrschaftslose (anarchische) Gesellschaftsform nur die einzig vernünftige Gesellschaft sein. Ihr nach ist jede Regierung korrupt (vgl. Abb. 19).

klassisch:	ARISTOKRATIE	MONARCHIE	DEMOKRATIE	*Regime*
	und ihre Verfallsformen			
	organo-logisch	mechanisch	konstitutio-nell	anarchistisch	*gesellschaftliche Grundformen*

Bewegungs- und herrschaftstheoretische Modelle

geschichtliche Konkretion	Idealtypus	aktuelle Konkretion
Monarchie *Oligarchie* *autoritäre* *Regime* *totalitäre*	*Autokratie:* Machtkonzentration in einer Hand, bei einer Gruppe (Monopolpartei) — fehlende Machtteilung	*totalitäre Diktatur:* Zwangsideologie, Terrorjustiz, Führungsanspruch der Monopolpartei
Absolutismus, technokratische Regime, Regime mit öffentlicher Kontrolle und privatem laisser-faire	*Zwischenformen*	*autoritäre Regime*
Republiken, Stadtstaaten mit Versammlungsregierung	*Konstitutionalismus* Machtteilung und Machtkontrolle Machtteilung als Verfassungswirklichkeit, Prinzip der Volkssouveränität, Konkurrenz politischer Ideen und sie tragender Gruppen, freie Wahlen	*Freiheitliche Demokratie* mit Parlament, parlamentarischer Regierung, Volk als unabhängigem Machtträger

Abbildung 19: Schema der gesellschaftlichen Ordnungsmodelle

4. Gesellschaftstyp und Individualcharakter

Eine heute interessante Typologie gesellschaftlicher Ordnung hat Platon entwickelt. Sie ist deshalb interessant, weil sie entgegen Poppers Ansatz, daß Platon zu den Feinden der offenen Gesellschaft gehöre, eine Analytik der Staatsformen aus den gesellschaftlichen Ordnungsmodellen als Produkt individueller Verhaltensweisen als Konstitutionsbedingungen gesellschaftlicher Verhältnisse versucht. Platon trennt die Staatsverfassung nicht von der Gesellschaftsordnung. Die Ordnung der Gesellschaft und die Verfassung des Staates sind für ihn eins. Sie resultieren aus dem Charakter der Menschen – aus deren Bewußtsein und Verhalten: „Und du weißt doch, daß es auch von Menschen ebensoviele Arten der Ausprägungen geben muß wie von Verfassungen. Oder meinst du, daß die Verfassungen von der Eiche oder vom Felsen entstehen und nicht aus den Gesinnungen derer, die in den Staaten sind, nach welcher Seite hin eben diese den Ausschlag geben und das übrige mit sich ziehen?"

Diese Argumentation ist für Platons Staatstheorie typisch. Schon in der Anfangsfrage der Politeia identifiziert er Staat und Mensch. Die Frage nach dem Gerechten des Menschen versucht Platon, da der Mensch doch ein kleines, schlecht beobachtbares Wesen sei, am großen Staat zu beantworten. Die verfaßte menschliche Gemeinschaft wird so als die Widerspiegelung der einzelnen Menschen begriffen und indem dessen Gerechtigkeit bestimmt wird, wird zugleich bestimmt, welches die Voraussetzungen der Gerechtigkeit des Menschen auf der Ebene des Staates sind. Staat und Gesellschaft, der Einzelne und das Ganze stehen sich also nicht fremd und, wie in neuerlichen Denkmodellen, feindlich gegenüber, sondern sie sind inhaltlich und funktional aufeinander bezogen.

Die gelungenste gesellschaftliche Ordnung und Staatsverfassung ist nach Platon die, in der die Menschen wahrhaft gut und gerecht sind. Sie sind dies dann, wenn sie das ihnen Eigentümliche eifrig im Sinne einer guten Verwirklichung entfalten können, ohne daß sie sich einander darin behindern. Gerecht sein heißt bei Platon, das Seinige ohne Scham vor sich und den anderen tun zu können. Gerechtigkeit herrscht dort, wo diese Verwirklichung im gesellschaftlichen Verband für alle möglich ist. Nur die unterschiedlichen Eigentümlichkeiten der Vielen bestimmen in diesem Staat die verschiedenen Stände: Die Bauern und Handwerker, die Ordnungskräfte der Polizei und Soldaten und die Regierenden und Erzieher. Vor allem die Gruppe der Ordnungskräfte und der Politiker und Erzieher wird durch solch hohe Anforderungen inhaltlicher Art bestimmt, daß eine Elitenherrschaft im Sinne einer statischen Schichtentheorie bei Platon nicht unterstellt werden kann. Die Zugehörigkeit ist zwar durch

Geburt bestimmt, aber durch diese nicht gerechtfertigt. Rechtfertigend ist allein, ob die geforderten Einsichten entwickelt werden.

Diese Gesellschaft, in der alle sich um die Entfaltung ihrer eigentümlichen Fähigkeiten in dem Sinne bemühen, daß sie sich vor sich und den anderen nicht zu schämen brauchen, ist im Sinne Platons die aristokratische Gesellschaft. Zum Aristokraten kann man sich nicht ernennen und auch nicht durch Klüngel ernannt werden. Aristokratie ist vielmehr durch diejenige Gesinnung bestimmt, die nicht an Eitelkeit und Vorteil orientiert ist, sondern das höchste Gut für sich und andere erstrebt: die Einsicht in die Wahrheit und ein Leben danach.

Die Verfallsform der Aristokratie ist Timokratie: die Herrschaft der Ehrgeizlinge. Als solche müßten im Sinne Platons manche bestimmt werden, die sich für aristokratisch halten, wie übrigens im Sinne Platons der Ausdruck Geldaristokratie ein bloßer Euphemismus für eine üble Sache ist. Die Änderung der aristokratischen Verfassung in die Timokratie kommt durch Zwietracht in der Aristokratie zustande. Diese Zwietracht drückt sich darin aus, daß die scheinbar Besten einander mit Gewalt entgegentreten und in ruhmsüchtigen Wetteifer geraten, dessen Erfolg sie in Sachen darzustellen versuchen. Sie vergreifen sich deshalb an Eigentum und raffen geldgierig Gold und Silber zusammen. Um den Anschein der Aristokratie aufrechtzuerhalten, weil diese quasi legitimierend ist, verbergen sie jedoch ihren Reichtum vor der Öffentlichkeit und werden zu dessen heimlichen Genießern. Dem Menschen dieser Gesellschaftsordnung fehlt es an der musischen Bildung, an wohlgesetzter Rede und an harmonischer Musik, seine Entschlußfreudigkeit ist mittelmäßig und sein Wesen hochmütig und herrschsüchtig.

Der *Timokratie* folgt die *Oligarchie*. Sie hat alle Scham abgelegt, die noch die Timokratie bestimmte und dazu führte, daß der gehortete Reichtum und das Verprassen der Güter im Verborgenen geschah:

„Dann treiben sie es, ... immer weiter mit dem Gelderwerben, und je mehr sie auf dieses Wert legen, um desto weniger auf die Tugend. Oder verhalten sich nicht Tugend und Reichtum so, daß immer, als läge auf jeder Schale der Waage eines, sie sich gegenseitig einander in die Hölle schnellen? ... Wird also der Reichtum in einem Staat geehrt und die Reichen, so wird die Tugend minder geachtet und die Guten ... Was aber jedesmal in Achtung steht, das wird auch geübt, und das nicht Geachtete bleibt liegen ... Aus hochstrebenden und ehrsüchtigen Männern werden sie also zuletzt erwerbslustige und geldliebende, und den Reichen loben und bewundern sie und ziehen ihn zu Ehren, den Armen aber achten sie gering. ...

Dann also geben sie ein solches Grundgesetz oligarischer Verfassung, indem sie einen Umfang des Eigentums feststellen, ... und im voraus bestimmen, keiner solle am Regiment teilhaben, dessen Vermögen nicht eine bestimmte Höhe erreiche. Dies setzen sie entweder mit Gewalt der Waffen durch, oder auch ehe es dazu kommt, bringen sie durch Schrecken diese Verfassung zustande."

Dieser Staat enthält die Bedingungen seines Endes schon in sich, denn er ist gespalten. Nach Platon ist es schon nicht mehr ein Staat, sondern es sind zwei: *der Staat der Reichen* und *der Staat der Armen*. Die Demokratie ist die Gesellschafts- und Staatsordnung, in der die Differenz zwischen Armen und Reichen durch die Verallgemeinerung des Gelderwerbsstrebens und dessen institutioneller Absicherung aufgehoben ist: „So entsteht daher, ... die Demokratie, wenn die Armen den Sieg davontragen, dann von dem anderen Teil einige hinrichten, andere vertreiben, den übrigen aber gleichen Anteil geben am Bürgerrecht und an der Verwaltung, so daß die Obrigkeiten im Staat großenteils durch Los bestimmt werden." In diesem gleichgemachten Zustand kann jeder tun, was er will. Während der Oligarchie der Untergang durch die Unersättlichkeit im Reichtum und die Vernachlässigung alles anderen drohte, vergeht die Demokratie durch die Unersättlichkeit in dem, was sie sich als ihr Gut voraussetzt: die Freiheit. Da jedoch trotz der allgemeinen Freiheit nicht alle gleich sind, ja alle danach streben, sich immer mehr Reichtum anzueignen, so daß die Ungleichheit verschärft werden müßte und die Faulen von den auf Erwerb gerichteten Sittsamen, die deshalb am meisten auch Reichtum anzuhäufen vermögen, etwas auszupressen versuchen und daher Anklagen, Rechtsstreitigkeiten und Kämpfe entstehen, bedarf es eines Vorstehers, der zwar diesen Bedingungen steuernd begegnen soll, aber doch auch der Zustimmung der Vielen bedürftig ist. Er wird zum Tyrannen. In der Tyrannei aber herrscht heimlicher Mord und Totschlag, weil der Tyrann sich seiner Feinde zu entledigen versucht und seine Feinde, zu denen schließlich das ganze Volk zählt, sich seiner zu entledigen versuchen. Die Tyrannei ist dann die Herrschaft des Schreckens als Ergebnis der allgemein gewordenen Unmäßigkeit und Gier und der in ihrem Gefolge einhergehenden allgemeinen Vernachlässigung der Tugend (Platon, Politiea, 543a—569c).
Der Ansatz Platons für die Interpretation gesellschaftlicher Bewegung aus der Deutung der gesellschaftlichen Ordnung der Verfassung heraus überbietet nicht nur die soziometrischen Methoden, die höchstens die Quanten aber nicht die Qualitäten zu bestimmen vermögen oder doch nur dann, wenn sie sich anderer Kategorien bedienen als die, die in ihren

Verfahren enthalten sind, sondern versteht auch die gesellschaftlichen Bewegungen nicht aus den materiellen Bedingungen der Produktionsverhältnisse, sondern aus der Einstellung, die deren Konstitutierung zugrundeliegt. Anders: Platons Interpretation nach gewinnen die Produktionsverhältnisse nicht jene Eigendynamik, die dann die intellektuellen Leistungen der Gesellschaftsinterpretation und -organisation dazu zwingen, ihre Modelle der gesellschaftlichen Verhältnisse zu modifizieren, sondern diesem Zwang geht keine natürliche Bedingung eines automatischen Prozesses voraus, sondern ein Verhalten, das durch Menschen hervorgebracht wird und zu dessen Vermeidung es der zureichenden Bildung und des Interesses an der gesellschaftlichen Verwirklichung des Bildungsgehaltes bedarf, denn Bildung im platonischen Verstande ist immer Beförderung der Bedingungen der Verwirklichung der Gerechtigkeit und des höchsten Gutes.

Literatur

Bolte/Aschenbrenner: Die gesellschaftliche Situation der Gegenwart, Strukturwandel der Gesellschaft, Reihe B, Leske, Opladen, 42 Seiten.

Die spezifischen Anforderungen, die die moderne Gesellschaft an den einzelnen Menschen stellt, werden deutlich herausgearbeitet. Dabei kommen die Krisenpunkte der modernen Gesellschaft in den Blick, ebenso die Dynamik und Komplexität der Gesellschaftsstrukturen. Für den Einzelnen werden sie deshalb als Belastung erfahren, weil er Mitglied konkurrierender sozialer Gebilde ist und diese Konkurrenz letztlich allein ausgleichen muß. Zugleich hat er sich vor den einzelnen Gebilden zu verantworten. Zu diesem Grundheft existieren Lehrbeispiele, durch die Lehrer Anregungen für den Unterricht gewinnen können.

Wilfried Röhrich: Sozialvertrag und bürgerliche Emanzipation von Hobbes bis Hegel, Wissenschaftliche Buchgesellschaft, Darmstadt 1972, 87 Seiten.

Diese Veröffentlichung informiert über wesentliche Aspekte des Vertragsdenkens — der konstitutionellen Gesellschaftsidee. Da es sich um einen ‚fingierten Kontrakt‘ auf spekulativer Grundlage handelt, wird deutlich, daß der bürgerliche Staat auf einer Gesellschaftsordnungsvorstellung aufruht, der entsprechend freie Zustimmung, vernünftiger Diskurs und rechtliche Gewalt Garantieversuche sind, ohne noch die Gesellschaftsordnung gewährleisten zu können. Sie lebt immer nur durch die freie Zustimmung.

Bernard Willms: Die politischen Ideen von Hobbes bis Ho Tschi Minh, Reihe Kohlhammer, Stuttgart 1971, 292 Seiten.

Ausgehend von einer Theorie der bürgerlichen Gesellschaft versucht Willms einen systematischen Gesichtspunkt für die Ordnung des ideengeschichtlichen Materials zu gewinnen. In diesem Versuch der Systematik liegt auch das Problem, daß alle Theoretiker über einen Leisten geschlagen werden. Der Versuch ist jedoch interessant, weil die Fülle des Materials eine Ordnung erhält und dadurch einen Überblick ermöglicht. Die kritische Kompetenz des Lesers muß jedoch durch Lektüre einiger besprochener Theoretiker schon gut entwickelt sein.

Hans Maier/Heinz Rausch/Horst Denzer: Klassiker des politischen Denkens, 2 Bände, Verlag C. H. Beck, München 1968, 858 Seiten.

Diese Sammlung von einführenden Interpretationsversuchen zu den großen politischen Denkern reicht von Platon bis Max Weber. Die einzelnen Beiträge sind Versuche, sich auf das Wesentliche der einzelnen Denker einzulassen, wobei natürlich die Einschätzung dessen, was das Wesentliche sei, bei der Lektüre der Originale stets eine Kritik wird erfahren können. Jedoch gewähren die Aufsätze jeweils zureichende Einsichten in die Problemlage eines theoretischen Entwurfs. Jeder Beitrag ist für sich abgeschlossen.

Kurt Schilling: Geschichte der sozialen Ideen, Vom Beginn der Hochkulturen bis in die Gegenwart, Kröner Taschenbuch Ausgabe 261, Stuttgart 1966, 526 Seiten.

Gesellschaftsordnungen werden hier als das Produkt von Reflexion begriffen. Sie sind also nicht durch die Existenz der Gesellschaft natürlich vorgegeben, auch wenn jedes einzelne Individuum sie immer wieder vorgegeben vorfindet. Sozialordnungen werden ersonnen, um der Not abzuhelfen. Sie sind also Problemlösungsversuche, wobei diese auch darin bestehen können, für einen vorgefundenen Zustand eine kognitiv anerkennbare Deutung zu liefern., Das bedeutet aber, daß die geistige Zieldefinition des gesellschaftlichen Bewußtseins für die gesellschaftlichen Ordnung die wesentlichen Impulse setzt.

Theodore M. Mills: Soziologie der Gruppe, Grundfragen der Soziologie, Band 10, Juventa, München 1969, 215 Seiten.

Die Kleingruppenforschung, Mikrosoziologie, enthält meist die Annahme, daß sie die Großprozesse der Gesellschaft wiedergeben könne. In der Gruppe glaubt die Soziologie die beobachtbare Größe gefunden zu haben, die ihr die Beschreibung gesellschaftlicher Ordnung ermöglicht. Die Gruppenmodelle stellen denn auch eine Verdoppelung der Haupttypen der Gesellschaftsordnung dar. Zusätzlich wichtig ist jedoch die Beschreibung der Erkenntnisbedingungen und damit der Tragweite der Gruppensoziologie, die sich weniger mit den Modellen befaßt als mit den tatsächlichen Prozessen und daraus Aussagen für Makroprozesse ableitet.

James Joll: Die Anarchisten, Ullstein Buch Nr. 4024, Frankfurt/M. 1969, 222 Seiten.

Bei dieser Veröffentlichung handelt es sich um eine detaillierte Gesamtdarstellung der anarchistischen Bewegung. Sie entwickelte sich am stärksten zur Zeit der konstitutionellen Bewegung in Europa — als der konstitutionelle Monarchismus entstand und die Etablierung der Parlamente begann. Gleichzeitig befand er sich in der Auseinandersetzung mit dem Marxismus und der bürgerlichen Form des Eigentum-Denkens. Die Vielschichtigkeit und seine Weigerung gegen die Institutionen macht den Anarchismus zu einem zwar politischen Phänomen, verurteilt ihn aber zugleich zur Erfolglosigkeit.

Chalmers Johnson: Revolutionstheorie, Studien-Bibliothek, Kiepenheuer u. Witsch, Köln 1971, 208 Seiten.

Die neuzeitliche Gesellschaft schreitet von einer Veränderung zur anderen. Jedoch ist dieser Veränderungsprozeß mit politologischen Begriffen der Veränderung noch nicht benannt. Die Änderung der Staatsverhältnisse hatte eine andere Begrifflichkeit. Deren Hauptbegriff ist die Revolution. In dem vorliegenden Werk wird eine Beschreibung des Verlaufscharakters und der Revolutionstypen versucht. Es beschäftigt sich analytisch mit einem Phänomen, das seit 1789 die moderne Welt mehr oder weniger entschieden in Atem hält.

VII. Theorien der Politik und des politischen Handelns

1. Historisch-normative Politikwissenschaft

Theorien der Politik und des politischen Handelns gehörten vor der Negation der Metaphysik in der Neuzeit zum Bereiche jener Fragen, die die Bedingungen eines gelungenen gesellschaftlichen Lebens zu ermitteln suchten, und zwar unter der Voraussetzung, daß die Welt eine Einheit sei, in der der geschichtliche Prozeß in einem Verhältnis zum letzten Sinn und Zweck der Welt steht. Damit war politische Theorie zugleich auch immer

— Frage nach dem höchsten Gut des Ganzen des geschichtlich-gesellschaftlichen Daseins,
— Reflexion der Bedingungen der Verwirklichung des Ethos des Einzelnen in seinem Verhältnis zum Zweck des Ganzen und seiner selbst.

Der Staat als Institution wurde vorgestellt als ethosbezogenes Mittel, zu dessen Gebrauch sich der Mensch in seiner Bildung zum zoon politikon befähigen müsse.

Wie an Platons Bestimmung der gesellschaftlichen Ordnung deutlich wurde, wird eine Auseinandersetzung mit den Theorien der Politik sich auch auf das Bewußtsein einlassen müssen, das als herrschendes in die Bestimmungen des Politischen eingeht. Es wird dabei — auch in der platonischen Tradition gesehen — deutlich werden, daß ein Bewußtsein, das ökonomisch fixiert ist, auch nur primär ökonomisch verwertbare Theorien des Politischen entwickelt. Insofern ließe sich an der Geschichte der Entwicklung der politischen Theorie zeigen, daß das Verhältnis von Theorie und Praxis nicht einsinnig durch Praxis bestimmt wird, sondern, wie Max Weber in der Auseinandersetzung mit der materialistischen Geschichts- und Gesellschaftsdeutung nachgewiesen hat, das Bewußtsein ebenso die Praxis zu bestimmen vermag. Anders: Ein eindimensionales Bewußtsein wird die Politik als das komplexe Verhältnis der Interdependenz vieler Einzelner und des geschichtlichen Ganzen nicht komplexer zu bestimmen vermögen als es seinen Bewußtseinsleistungen entspricht.

Die Beschäftigung mit der Politikwissenschaft, sofern sie sich nicht nur bei auflagenstarken Theorien der Gegenwart aufhält, sondern das historische Spektrum umgreift, vermag eine kritische Funktion gegen eindimensionale Verfestigung zu leisten, da sie sich auf das ideelle Wesen der Sache bezieht und im Reflexionsprozeß der Vermittlung verschiedener historischer Epochen einen Begriff von Gesellschaft und gesellschaftlichem Handeln zu gewinnen vermag, der dem interessengebundenen Standpunkt der jeweiligen Gegenwart entzogen ist — oder ihn doch mindestens kritisch reflektiert.

Allerdings, dieser Hinweis akzentuiert nur eine Richtung der politikwissenschaftlichen Theoriebildung:

die *historisch-normative* Politikwissenschaft.

Der Begriff der *historisch-normativen* Politikwissenschaft schließt den Begriff des *normativ-ontologischen* mit ein. Er erweitert ihn um die Reflexion derjenigen Erfahrungen, die bei den Versuchen der Verwirklichung gesellschaftlichen Daseins mit und ohne normativ-ontologischen Vorstellungen gemacht worden sind. Darin liegt seine Empirie.

Normativ nennt man eine Theorie der Gesellschaft und des Politischen dann, wenn „er sich nicht einfach auf eine gegebene, empirische politische Realität bezieht und zu deren wissenschaftlicher Analyse beiträgt, sondern sich auf ein an bestimmten Gütern und Zwecken orientiertes politisches Handeln bezieht, durch das der handelnde Mensch zur wesenhaften Erfüllung seiner Existenz gelangen kann. Ein menschliches Leben der vollendeten Tugend setzt eine bestimmte soziale Ordnung voraus, die somit als die entscheidende Bedingung der Ermöglichung dieses tugendhaften ‚guten Lebens‘ und damit zugleich als der zentrale Gegenstand der Politikwissenschaft als praktischer Philosophie gilt" (Dirk Berg-Schlosser u. a.: Einführung in die Politikwissenschaft, München 1974, 23 f.).

Gegenüber einer Ordnungstheorie, die auch das Ergebnis reiner Setzung sein kann, also selbst axiomatisch ist, und wie die Erfahrung lehrt, das Problem der Gewalt nicht löst, ja, sie sogar zu provozieren vermag, indem sie auf die Verhältnisse Zwang ausübt, um diese nach ihrem Begriff zu bilden, ist diese Theorie des Politischen an Werten und Ideen orientiert, die sich in der Geschichte objektivieren. Institutionen sind ihr nicht Selbstzweck, sondern sie werden betrachtet, inwiefern sie ihrer Vehikelfunktion gegenüber ihren ideellen Implikationen genügen. Praktisch wird diese Theorie da, wo sie nach den Bedingungen fragt, die notwendig sind, um den Mißbrauch der Institutionen und die Verfälschung der ideellen Gründe zu verhindern.

Was der Begriff des Politischen sei, ist im Rahmen einer Realdefinition nicht aussagbar. Infolgedessen kann der Charakter der Politikwissenschaft auch nicht einsinnig bestimmt werden. Denn in der Tat helfen solche Bestimmungen, wie Axel Görlitz sie anführt, Politik sei Wissenschaft vom Leben in der Polis (Axel Görlitz: Politikwissenschaftliche Propädeutik, Hamburg 1972, 15), wenig bei der Erklärung des Gegenstandsbereichs der Politikwissenschaft, es sei denn, es ist schon verstanden, was es mit dem Leben in der Polis auf sich hat. Deshalb ist auch Otto Heinrich von der Gablentz zuzustimmen, der Politikwissenschaft als eine Wissenschaft des Verstehens interpretiert.

Der Verstehensbegriff ist weiter als der des Erklärens. Er umfaßt nicht nur die Gründe, sondern auch den lebendigen Zusammenhang ihrer histostorischen Wechselwirkungen. Auf jeden Fall geht eine verstehensorientierte Wissenschaft nicht axiomatisch vor. Sie kann ihre Begriffsbestimmungen immer nur unter dem Blickwinkel betrachten, daß ihnen eine gewisse Vorläufigkeit anhaftet und daß sie die Sache nicht selbst sind, sondern Hilfsmittel zu deren Verständnis. Das hindert sie auch als Wissenschaft daran, dogmatisch zu sein. Sie ist deshalb noch lange nicht unsystematisch. Was sie jedoch an Systematik besitzt, verdankt sie nicht logischer Konstruktion im Sinne der Erzeugung eines Systems durch Verfahren, sondern einer an methodischer Überprüfbarkeit ihrer Ergebnisse orientierten geschichtlich vermittelten Reflexion.

Es entspricht nicht dem Theorienstand wissenschaftstheoretischer, besonders erkenntnistheoretischer Reflexion, wenn versucht wird, solchermaßen verfahrenden Theoriebildungen „ein unbestimmtes Maß Subjektivität" zu unterstellen. Der Faktor der Subjektivität des einzelnen Theoretikers wird durch die hermeneutische Bemühung der reflexiven Aufnahme des historisch entwickelten Begriffs der reflektierten Wissenschaft reduziert — erst recht in jenem Maße als die Reflexion selbst wieder der Kritik ausgesetzt wird. Erst der personenübergreifende Zusammenhang der Wissenschaft ist es, der die Objektivität der Wissenschaft konstituiert. Dabei spielen Methoden eine ganz entscheidende Rolle. Diese sind aber nicht nur solche des empirischen Messens, sondern auch der Logik der Erkenntnis überhaupt.

Die Verarbeitung historischer Erfahrung und die Prüfung der Art der Verarbeitung sind die Hilfsmittel, mit denen eine historisch-normative Wissenschaft zu Ergebnissen gelangt, die, wie die Komplexität des Verfahrens zeigt, auch recht langwierig gewonnen werden. Ein Wissenschaftsverständnis, das versucht, auf der Höhe der Zeit der Gesellschaftstechnologie zu bleiben, Wissenschaft eben als Hilfe für Produzenten versteht, kann sich diesem Begriff von Wissenschaft, der weniger vorauseilend ist als im Nachvollzug reflektierend, nicht anschließen. So zeigt sich deutlich, daß der Begriff von Wissenschaft, der konstitutiv wird, einhergeht mit dem erkenntnisleitenden Interesse. Das Verstehen und Vergleichen von Ereignissen und historischen Typen geht von einem anderen Verständnis der Aufgabe von Wissenschaft aus als die Bestimmung von Modellen für die Konstruktion gesellschaftlicher Systeme.

Jedoch, ob Wissenschaft nun aktiv ist oder ‚kontemplativ', auch die aktive Wissenschaft, sei sie nun rein technologische Theorie des derzeit Machbaren oder Theorie der Vollstreckung des geschichtlichen Willens, wird aus dem Grunde der Bestimmung ihrer Erfolgsbedingungen auf das nachvollziehende Verständnis von Ereignissen und Typen nicht verzichten dürfen, um so die Möglichkeiten und Grenzen ihrer Modelle bestimmen zu können. Jedoch dürfte es ein Problem sein, ob solche Wissenschaft die zu deutende Sache von dieser her versteht oder unter den Bedingungen der Funktionstüchtigkeit eines geschichtslos konstruierten Modells.

Dem Konzept des erkenntnisleitenden Interesses nach und der damit zusammenhängenden selektiven Auswahl und Bewertung der Daten wird sich eine Wissenschaft, die an Produktion orientiert ist, vom Interesse leiten lassen und damit so bedingt wie ihr Interesse sein. Weil das Problem besteht, daß Sätze, die eine Wissenschaft als Ganzes und in ihrem Zusammenhang erklären soll, nicht aus sich selbst verstanden werden können, sondern einen Verständnishorizont immer voraussetzen, der unter den Bedingungen pluralistischer, ahistorischer Gesellschaften überhaupt nicht gewiß ist, besteht von Anfang an Ursache, den Verstehenshorizont der Sätze immer mit zu nennen. Daher kann es methodisch auch nicht als sinnvoll erachtet werden, wenn Definitionen des Politischen axiomatisch vorgetragen werden.

„Sollen alle verwendeten Termini erklärt werden, dann steht man vor folgendem Trilemma: man muß ad infinitum immer neue und damit erklärungsbedürftige Begriffe einführen, oder man begründet mit begründungsbedürftigen Begriffen und erliegt damit einem logischen Zirkel, oder man dogmatisiert bestimmte Begriffsbestimmungen. Eine Begriffsbestimmung kann daher auch nicht Ausgangspunkt einer Reflexion über Politikwissenschaft sein" (Axel Görlitz, a. a. O., 15).

Das Problem besteht also darin, daß man sich vor eine Mannigfaltigkeit von Begriffen gestellt sieht, die den Gegenstand, der wissenschaftswürdig behandelt werden soll, nicht operant bezeichnen, so daß daraus ein

Dilemma für die aktuelle Definition von Wissenschaft entsteht. Denn Wissenschaft ist bestimmt durch Gegenstandsbezug und Methode.

In dem Falle aber, daß der Gegenstandsbezug nicht eindeutig definiert werden kann, gibt es von diesem Wissenschaftsbegriff her auch Zweifel an der Wissenschaftlichkeit von Aussagen, die den nicht näher präzisierten Gegenstand betreffen. Der Versuch der Verstehenstheorie diesem Dilemma abzuhelfen wird abgelehnt, weil er zu einem unendlichen Prozeß führt, der doch irgendwann einmal entschieden werden muß, so daß daraus geschlossen wird, eine auf eine klare konstruktive Absicht — konstruktiver Rationalismus — oder ein Axiom bezogene Entscheidung sei da doch wissenschaftlicher, weil nachprüfbarer.

Das Problem des Konstruktivismus im politischen Verstande liegt jedoch in der politisch und juristisch wichtigen Frage: *Wer entscheidet?*

Unter den Bedingungen der abstrakten Verselbständigung der Institutionen in den modernen Gesellschaften — gegen die Einsicht der Individuen — ist die durch Spezialisten erfundene Konstruktion der Gesellschaft gegen das gemeinwohlbezogene Wesen des politischen Interesses und Handelns immunisierbar.

Auch läßt sich das konstruktivistische Politikverständnis nicht mit dem moralischen Postulat der Verantwortung, das der Demokratietheorie immer inhärent war, vermitteln. Denn was die verantwortlichen Bürger nicht kennen, können sie auch letztlich nicht verantworten. Nur, die praktische Politik macht solch feine Unterschiede nicht. Die historischen Ereignisse sind Zeugnis genug dafür. Deshalb liegt in den wissenschaftlichen Verfahren der Politikwissenschaft auch keine Legitimation für das politische Ganze. Lehrer, die es mit der Frage der Rechtfertigung von Curricula zu tun haben, kennen dieses Problem aus eigener Erfahrung.

Im Verständnis von Max Weber — und die Kritiker der Technokratengesellschaft folgen ihm, obgleich viele von ihnen Max Weber selbst für einen Technokraten halten — ist Politik als Praxis auf die Definition von Zwecken konzentriert. Sie versucht die beschlossenen Zweckdifinitionen zu gewährleisten, sofern die Zwecke vernünftig begründet sind und sich auch in der Praxis als vernünftige erweisen. Sie entscheidet auch über die Mittel zur Erreichung des Ziels, während es Aufgabe der Verwaltung ist, diese Entscheidungen loyal zu exekutieren. Wichtig ist jedoch, daß der normative Gehalt dieses Politikverständnisses mit dem Kriterium der Vernünftigkeit der Ziele ausgesagt wird und nicht mit Erfolg. Erfolg ist das schlechteste Kriterium überhaupt. Er kommt auch einem Gaukler auf dem Jahrmarkt zu und ist dort nur deshalb kein Betrug, weil jedermann die Sache und ihren Reiz kennt.

Für die historische Zuordnung des Politischen folgt aus diesen Zusammenhängen, daß die Geschichte als nichtvollendeter offener Prozeß betrachtet wird, in dem herauskommt, was eigentlich gehandelt werden soll. Und zwar kommt dies durch vernünftige Ermittlung des Zwecks des gesellschaftlichen Daseins heraus. Entscheidung hat in diesem Zusammenhang einen praktischen Stellenwert. Sie legt unter Beachtung der Tatsache, daß gehandelt werden muß, für einen bestimmten Zeitpunkt eine bestimmte Strategie der Zielerreichung fest.

Die Behauptung, die Vernachlässigung dieses Problemzusammenhangs durch eine empirische Politologie sei nicht ideologisch, ist selbst ideologisch. Die Eliminierung der Sinn- und Zweckfrage des politischen Handelns kann nur unter zwei Bedingungen möglich sein,

— entweder hat das Ganze keinen Zweck, dann ist es in der Tat überflüssig danach zu fragen, aber dann stellt sich die Frage, warum denn dann überhaupt die Ordnungsbemühungen der politischen Institutionen sein sollen,

— oder die Zwecke sind den Verfahren so unmittelbar inhärent, daß der Anschein der Eliminierung entsteht. Diesem Zustand kann die Vorstellung zugeordnet sein, daß der Zweck der Geschichte und damit des Handelns in ihr schon bekannt ist, bzw. die Geschichte ihr Ende bereits hinter sich hat und deshalb nur noch organisatorische Aufrechterhaltung des erreichten Zustandes notwendig sei.

In diesem Sinne ist auch der Austausch der Inhalte der Politikwissenschaft zu verstehen, wenn an die Stelle des Inhalts ‚Government' ‚Governmental Process' tritt. Während ‚Government' die Fragen des Prinzips von Herrschaft und ihrer Legitimation zum Inhalt hat, ist diese Frage für die Theorie von ‚Governmental Process' obsolet. Sie fragt nur nach den Verfahren von Government. Denn ein Zweck des Prozesses steht nicht zur Debatte. Das System selbst ist der Zweck. Und die Theorie des Prozesses fragt danach, wie verhindert werden kann, daß es überhaupt zu einem Prozeß kommt, der etwas anderes als die ständige Wiedererneuerung des Systems zum Inhalt hat.

Eine Politikwissenschaft, die die reale Lebenswelt zu ihrem Inhalt hat, entgeht mancherlei Problemen, die der faktoren-analytischen Politiktheorie eigen sind. Sie schafft sich allerdings neue. Während die Faktorenanalyse der Gefahr der Vereinseitigung — der illegitimen Problemreduktion — unterliegt, gerät der Versuch, die Lebenswelt zu verstehen, in die Gefahr, in der Fülle der Objektivationen zu versinken, wovor er sich nur schützt, indem er den leitenden Erkenntnisbegriff definiert. Er kann anders gegenüber der Fülle der Objektivationen und der darin enthaltenen Probleme entweder nur dilletantisch oder dogmatisch werden.

Die lebensweltlich orientierte Politikwissenschaft macht jedoch eine Voraussetzung, die ihr positiv angerechnet werden kann, die sie auch zugleich schützt. Sie geht allgemein von der Vernünftigkeit der Wirklichkeit — auch der vergangenen aus und sie bestimmt sich im Verhältnis dazu, so daß sie aus der Vergangenheit lernend den Irrtümern zu entgehen sucht, die sich dort einschleichen, wo ständig anfangshaft neu begonnen wird.

Die am Verstehen orientierte Politikwissenschaft ist daher konservativ — im positiven Verstande — und weniger abhängig von den Kategorien der Industriegesellschaft und des sie bestimmenden homo fabers. Daher ist sie gegen den technokratischen Rekonstruktionsversuch des Gesellschaftsprozesses kritisch, ohne jedoch Vergangenheit als solche zu verlängern. Jedoch kann sich diese verstehensorientierte Wissenschaft auf das Leben beziehen und ist ihm im Prinzip auch deshalb nicht entfremdet, wie es der Konstruktivismus ist, ohne daß sie es jedoch verherrlichen würde. Auch hier gilt die Beschränkung in den Werturteilen. Allein die Rekonstruktion des tatsächlichen Lebens, auf der Ebene des Wissens, zeichnet sie positiv gegenüber der abstrakten Konstruktion aus. Sobald sie in eine undifferenzierte Verdoppelung des gelebten Lebens verfällt und sich mit ihm identifiziert, verliert sie den Charakter von Wissenschaft und wird schlechter Roman oder effekthaschender Journalismus.

„Wissenschaft bedeutet, daß man in kritischer Besinnung ein Objekt aus dem Kontinuum der Erfahrung ausgliedert und es dem System der kritisch geordneten Erkenntnis wieder eingliedert. Eine Methodenlehre muß also ausgehen von der vorwissenschaftlichen Erfahrung der Wirklichkeit, von der ‚Lebenswelt'; sie muß untersuchen, wie diese Lebenswelt zur Wissenschaft umgeformt und in einen neuen Zusammenhang gebracht wird ... In der Lebenswelt findet die Politologie bestimmte Grundfunktionen der Gesellschaft vor, für die in einer differenzierten Gesellschaft spezielle Institutionen und spezielle Funktionäre zur Verfügung stehen. Eine dieser Funktionen ist die Sicherung und Ordnung des Zusammenlebens, in unserer Tradition seit der Antike als ‚Politik' bezeichnet" (Otto Heinrich von der Gablentz: Sache und Methode der Politischen Wissenschaft, in: Politische Vierteljahresschrift, 10. Jg., Heft 4 [1969], 486).

Aus diesem Bezug heraus entsteht dann für von der Gablentz ein Politikbegriff, der die Elemente der vergleichenden Politikwissenschaft genauso in sich einschließt, wie die der analytischen, kritischen, strukturellen und funktionalistischen Politikwissenschaft. Bedeutsam ist der inhaltliche Bereich, der durch die Eingrenzung auf vereinseitigende methodische Ansätze nicht erfaßt werden kann. Inhaltlich gehören zur *Politik als Wissenschaft*:

— *Entscheidungen*
— *Normen*
— *Institutionen*
— *Funktionen*
— *Macht.*

Das bedeutet, daß im Sinne dieses Verständnisses von Politikwissenschaft alle Theorien der Kommunikation und Interaktion, die an input-output-Analysen orientiert sind, geradewegs ein reduziertes Politikverständnis besitzen, erst recht dann, wenn sie funktional allein auf Interessenausgleich bezogen sind. Zustimmend zitiert von der Gablentz: „Was antipolitisch ist, ist die Behauptung, Politik sei und müsse bleiben in erster Linie ein System von Regeln für friedliche Kämpfe zwischen streitenden Privatinteressen und nicht eine Arena für einen Kampf um eine menschlichere und vernünftigere Organisation der Gesellschaft" (ders., 492).

Damit wird der Begriff des Politischen wesentlich gegenüber dem aktuellen Mehrheitsbegriff verschärft und die Aufgabe der Politikwissenschaft auch als verstehende Rekonstruktion der Lebenswelt selbst politisch, denn für sie wird dann die Frage der Menschlichkeit und Vernünftigkeit zum fundamentalen Kriterium. Das Politikverständnis jedoch, das sich auf den kampflosen Ausgleich der Interessen verlagert, projiziert das sonntägliche Kaffeekränzchen und dessen Streit um das bessere Tortenstück und das Wohlanständigkeitsregulativ dieser Ordnung in das öffentlich-gesellschaftliche Leben. Zugleich wirkt es damit auch selbst politisch, wenn es sich auch antipolitisch formuliert, insofern es das Volk, den großen Lümmel im Sinne Heines, einlullt mit Kaffee und Kuchen und ‚die großen Männer' Politik machen läßt, ihnen die Ruhe verschafft, die „großen Fragen" unbemerkt, aber eben nicht folgenlos, zu entscheiden.

2. Funktionale Politiktheorie

Das herrschende Politikverständnis ist funktional, doch bedeutet das noch lange nicht, daß damit überhaupt der Bereich des Politischen zureichend begriffen ist. In der Auseinandersetzung mit der politischen Ideengeschichte wird deutlich, daß auch im Bereich des politischen Handelns das Prinzip der Reduktion auf Verfahren angewandt worden ist. Diese Reduktion klammert die wesentlichen Fragen des Politischen, nämlich dessen Zweck aus. In der Reduktion auf Organisation wird die Bestimmung des Mittels ohne Reflexion oder Entscheidung des Ziels zum alleinigen Inhalt der politischen Theorie. Eine Vertauschung von Zweck und Mittel findet dadurch statt, daß das Mittel zugleich auch als Zweck genommen wird. Die Hoffnung, die gesellschaftliche Stabilität durch Organisation um der Stabilität willen zu gewährleisten, hat sich jedoch nicht erfüllt und wie in allen Zeiten bricht mit der Krise des Systems die Frage nach dem Sinn des Systems auch im öffentlichen Bewußtsein aus.

Es wurde schon festgestellt, daß nur dort, wo die Organisation, also das Mittel zum Zweck mit dem Zweck identifiziert wird, die politiktheoretische Fragestellung nach dem Zweck des Politischen erledigt ist — oder doch zumindest scheint. Insofern sie aber aus dem Bereich des Politischen eliminiert ist, taucht sie im vorpolitischen Bereich, im Bereich außerhalb der Organisation wieder auf. Sie ist damit nicht unpolitisch, sondern außerhalb einer an Organisation orientierten Politik. Diese begibt sich damit aber der Möglichkeiten, die Politik im Zustand vor der Herrschaft des Organisationsdenkens auszeichnete, nämlich der gesellschaftlichen Vermittlung der Verbindlichkeit der Fragestellung, nicht zu welchem Zweck Politik sei, sondern wozu Gesellschaft. Politik hat in diesem Verstande aufgehört zu existieren und Politiktheorie ist zur Organisationstheorie verkommen, die nichts anderes widerspiegelt als was der Zweck einer Gesellschaft ist, die kein Ziel hat — außer das faktische Überleben.

Eine bloße Widerspiegelung dessen, was ist, macht die Politiktheorie selbst wieder diesem gegenüber ohnmächtig. Der Verlust an Theorie des Zwecks des Politischen — kurzsichtig legitimiert durch die Berufung auf das angebliche Versagen der Politiktheorie — hindert die herrschende Politiktheorie, eine Kritik an der Herrschaft der Normativität des Faktischen zu üben, da sie nur das, was der Fall ist, anerkennt.

In einer ganz bestimmten Wendung wird die Politikwissenschaft zur pragmatischen Soziologie — zur Handlungswissenschaft. In dieser Fassung formuliert sie aus den Erkenntnisansätzen und Modellkonstruktionen Praxisanweisungen für die erfolgreiche Nutzung und Organisation der sozialen Gegebenheit. Dabei ist ihr das, was Erfolg ist, in der Regel vorgegeben. Politikwissenschaft wird zur technologischen Theorie gesellschaftlichen Handelns mit dem Zweck der Reorganisation der Gesellschaft mit Hilfe sozialer Strukturen. Sie steht also in einem Verwendungszusammenhang. In dieser Hinsicht ist sie nicht mehr von ihrer Erkenntnis her zu interpretieren, sondern selbst durch das Erkenntnisinteresse, das dem Verwendungszusammenhang implizit ist, bestimmt. Als verwendungsorientierte gesellschaftliche Handlungstheorie wird Politikwissenschaft unmittelbar zum Gegenstand politischer Auseinandersetzung selbst.

Insofern sich politische Wissenschaft als Theorie des Gesellschaftshandelns im Hinblick auf deren produktiven Interessen bezieht, fallen alle anderen Kategorien der Wissenschaftsbildung heraus. Die inhaltlichen Vorgaben eines Objektivitäts- und Wissenschaftsverständnisses, das über Ziele glaubt nichts substantiell aussagen zu können, sondern nur über ihre Erreichbarkeit bei gegebenen Mitteln und der Unterscheidung ihrer Folgen und Nebenfolgen, erhält die funktional-soziologische Politikwissenschaft aus den gesellschaftlich-politisch entschiedenen Zielbestimmungen. Sie ist damit wesentlich unkritisch und nur pragmatisches Korrektiv. Aufgrund eines scientistischen Mißverständnisses sind Zielfragen als Wertfragen aus dem positivistischen Wissenschaftsbereich eliminiert. Die berühmte Werturteilsfrage wird letztlich als das Ergebnis einer falschen Fragestellung abgetan und auch unter der Implikation, daß an Zielen und Werten kein Mangel sei, der Inhalt als beliebig betrachtet. Praktische Politik habe es schließlich mit der Notwendigkeit zum Handeln zu tun. Darum könne sich die Wissenschaft nicht auf solche abstrakten, nicht-objektivierbaren Fragen einlassen. Sie entsprächen damit auch nicht mehr der Dienstfunktion ihres Verwendungszusammenhangs.

Das einzig wirkliche Thema wäre danach die erfolgversprechenden Praktiken innerhalb eines gegebenen Systems, dessen Ziele, wenn überhaupt, durch es selbst bzw. seinen Prozeß bestimmt würden, nicht aber durch den Erkenntnisprozeß der Wissenschaft. Diese ist sodann rein beschreibend und technokratisch, indem sie die Mittel der Steuerung benennt, die in einem komplexen System noch die Aufrechterhaltung des Systems oder der Systemprozesse ermöglichen.

3. Probleme funktionaler Politiktheorien

Der Problemcharakter der politischen Situation und ihres Begriffs resultiert aus den politischen Prozessen selber. Der Staat, der den innenpolitischen Bereich befriedet hat, der diesem neutral mit den Mitteln der Administration in der Gestalt von Polizei und Verwaltung gegenübersteht und ohne Ansehen der Person und der vereinzelten Interessen pflichtgemäß seine Regelungen vornimmt, ist im Prinzip obsolet. Die Identifikation von Staat und Gesellschaft und die Formulierung des Staates als einer Anstalt der Daseinsvorsorge hat ihn in das Interesse der an Daseinsvorsorge interessierten Gruppen gerückt und ihn, der sich auf die Verwaltung der Sachen stützen wollte, zum Adressaten neuer durch Ideen und Ideologien geprägte Kämpfe gemacht.

Indem dem Staat das Verteilungsproblem der Daseinsfürsorge zum eigentlichen Inhalt seiner Tätigkeit wurde, mußte er zum Objekt der Interessierten werden, die danach drängen mußten, wenn sie Optimierung der Verteilung in ihrem Verstande wollten. daß sie auch die Verteilungsinstrumente in die Hand bekamen. Damit wurde der innenpolitische Bereich zum entscheidenden Bereich politischer Wirklichkeit und nun nicht mehr der Inhalt der grundlegenden Entscheidung — diese ist vielmehr in der materialistischen Plattheit der Daseinsvorsorge vorweggenommen und scheinbar allgemein anerkannt. Dadurch wurde das Problem der Machtergreifung der Instrumente der Administration allgemein. Die endlichen Resourcen des materiellen Lebens wurden als die Grundlage des Politischen begriffen und zum Gegenstand der Entscheidungsprozesse im Verteilungskampf.

Damit wurde die Politik zwangsläufig soziologisch, d. h. sie mußte sich ablösen von metaphysischen Begründungen und Fragen der Moral. Denn in der materialistischen Wendung zum materiellen Gut waren Fragen der Moral erledigt, insofern sie jeweils über diesen Entscheid hinausgehen und nach den Sinn- und Wertvoraussetzungen einer solchen Entscheidung fragen. Die Gestalten des Staates und der Tradition des Denkens über den Staat, objektiviert in der literarisch-wissenschaftlichen Reflexion und der Anstrengung der interpretativen Auslegung, wurden nicht mehr als die Bemühung begriffen, als die sie im Zustand ihrer Hervorbringung gedacht waren, nämlich über die instrumentellen, physischen Bedingungen der Menschwerdung des Menschen nachzudenken und ihnen Gestalt zu verleihen, sondern als eine metaphysich verschleierte Fassung des Machtanspruchs und der Machterhaltung einiger weniger. In der soziologischen Wendung der politischen Theorie verließ die Politikwissenschaft diesen Boden der menschheitlichen Bemühungen und degenerierte zu einer Theorie des ökonomischen Prozesses, in dem Meßbarkeit der Resourcen — also auch der Produktivkräfte und der zu organisierenden Gruppen — zentrales Thema wurde.

Nach der modernen Theorie der Erzeugung einer Welt, die die des Menschen ist, insofern er das hervorbringt, was er zuvor gedacht hat, wird auch der Bereich der politischen Wirklichkeit als der im absoluten Verstande machbare begriffen, der von dem gemacht wird, der zum Machen die Macht hat. Wenn aber Machbarkeit nicht nur von den jeweils möglichen Mitteln abhängt, sondern von der Macht zu machen, dann ist der Staat und damit der Bereich des Politischen dem alltäglichen Kampf um diese Macht ausgeliefert. Außerdem ist tendenziell jeder beteiligt, denn schließlich geht es mindestens um seine materiellen Möglichkeiten. Die Bedingungen der Limitation des Machtkampfes in der traditionellen Staatsverfassung, nämlich die Bindung des Staates und seiner Organe an ein unverfügbares — allerhöchstens auslegbares — Recht, sind reduziert. Denn Recht und Moral sind interpretiert als Instrument der Macht selber und daher den Mächtigen — in der Identität von Subjekt und Objekt der Souveränität — zur beliebigen Bestimmung ausgeliefert. Daher findet auch nicht nur ständiger Streit, sondern auch ständiger Wechsel statt. Die Anpassungsfunktion an diesen Wechsel ist nicht nur Apathie, nämlich das gleichgültige Gegenüberstehen gegen Ansprüche und Manipulationen von denen da Oben, sondern das optimale Reagieren auf die jeweilige Situation durch Mimikrie. Diese Mimikrie hat aber dann nicht nur den Charakter, die Ausdrucksformen des jeweils herrschenden Regimes sich anzueignen, sondern auch durch die Ausbildung eines konstitutionellen Opportunismus am Machtgebrauch zu partizipieren. Nicht nur wird dadurch jegliche Herrschaft ermöglicht, sondern in der Ambivalenz der historischen Situation ist das kennzeichnende Merkmal ambivalentes Verhaltens.

Diese Ambivalenz geht bis in den Gebrauch der Begriffe, die hier dieses und jenes bedeuten können und unter anderen Bedingungen genau das Gegenteil. Deshalb ist das kommunikative Prinzip des bürgerlichen Systems, das seinen repräsentativen Ausdruck im repräsentativen Parlament gefunden hat, auch nur noch hohler Schein. Unter den Bedingungen des Mangels eines geltenden Wahrheitsbegriffs ist der Begriff der Geltung an dessen Stelle getreten. Über Geltung aber können wechselnde Mehrheiten unterschiedlich entscheiden. Daher kann das, was heute noch „gültig" zu sein scheint, morgen schon zur Verurteilung ausreichen.

Der funktionale Begriff der Politikwissenschaft ist also inhaltlich ambivalent. Dies ist der Wissenschaft nicht allein zu verrechnen, gilt doch für die Neuzeit die Verdrängung des Substanzbegriffs durch den Funktionsbegriff, der allerhöchstens zu relationalen Bestimmungen von Wenn-Dann-Beziehungen gelangt. Damit spiegelt sich im Zustand der Politikwissenschaft mehr wider als ihre eigene Qualität. Zudem ist sie aber Reflex des gesellschaftlichen Bewußtseins. Gewichtiger aber ist ihre Deutung als Krisenwissenschaft. Wenn sie nämlich im Anschluß an antike und mittelalterliche Bestimmungen von Ziel und Zweck des Politischen und an neuzeitliche von der Legitimität und Legalität der Herrschaft darin auch zugleich signalisierte, daß Ziele wie Herrschaftsformen nicht selbstverständliche sind, dann ist mit ihrer gegenwärtigen Form der Reflexion von Organisation, Funktion und System der Gesellschaft angezeigt, daß die gesellschaftlichen Institutionen nach dem Verlust ihrer metaphysischen Identität und der Rechtfertigung der in ihnen aufgehobenen Herrschaft nun in die Krise ihrer Effizienz eingetreten sind. Das würde aber bedeuten, daß unter dieser Voraussetzung erst recht eine Reflexion der Zweck-Mittel-Relation oder die Begrüdnung einer politischen Ethik notwendig geworden ist, da sich nicht einmal die Funktionstüchtigkeit der Gesellschaft auf der Ebene der Systemstabilisierung funktional aufrechterhalten und erst recht nicht inhaltlich aus dem Systembegriff selbst begründen läßt.

Literatur

Manfred Hättich: Grundbegriffe der Politikwissenschaft, Darmstadt 1969, 108 Seiten.

Diese Einführung ist für fachnahe Studierende geschrieben und für solche, die von anderen Fächern her oder aus Praxisgründen sich mit Politikwissenschaft beschäftigen müssen. Ihr Aufbau ermöglicht auch die Benutzung als Nachschlagewerk.

Karl-Heinz Naßmacher: Politikwissenschaft I; Politische Systeme und politische Soziologie, Werner-Verlag, Düsseldorf 1970.

Dieser Text hat den Vorzug, daß er alle wichtigen Themen der politischen Wissenschaft in Bezug zur Soziologie referiert. Dabei beschränkt er sich auf den Bereich der „Inneren Politik". Die einzelnen Abschnitte schließen mit Kontrollfragen. Abschließend sind die zu den Kontrollfragen erwarteten Antworten angegeben, so daß für den Leser die Kontrolle gewährleistet ist und die Möglichkeit, in kurzen Sentenzen Hauptstichworte als Gedächtnisstütze zusammengefaßt zu finden.

Paul Noack: Was ist Politik? Eine Einführung in ihre Wissenschaft, Droemer u. Knaur, München/Zürich 1973, 400 Seiten.

In einfacher Sprache und mit zahlreichen schematischen Darstellungen und vielfältigem Bildmaterial stellt der Verfasser einen Abriß der Politikwissenschaft dar. Er umfaßt deren Hauptzüge: Politische Philosophie, Ideengeschichte, Wissenschaftstheorie, Staatsformenlehre — allerdings losgelöst von der klassischen Typenlehre, dafür aber auf konkrete historische Bedingungen bezogen —, Politische Soziologie und Internationale Politik. Entsprechend dem Charakter dieser Einführung und der Intention, einen breiteren Leserkreis zu erreichen, werden journalistische Elemente einer klassischen Systematik vorgezogen. Dennoch ist der Text für ein einführendes Studium geeignet.

Kurt P. Tudyka: Kritische Politikwissenschaft, Kohlhammer, Urban Tb 845, Stuttgart 1973.

Tudyka versucht die verschiedenen Elemente des gesellschaftlichen Daseins, einschließlich der Geschichte, für politikwissenschaftliche Fragestellungen zu benennen und in Zusammenhang zu bringen. Sein Kritikbegriff hat dabei philosophische Tradition, die nach ihm auch wesentlich wissenschaftliche Erkenntnisse bestimmt. Diese wird nämlich notwendig, weil Wesen und Erscheinungsform differieren. Damit gewinnt er einen Zugang zur Gesellschaft und deren Handeln als Politik, der in anderen Positionen, sollen sie sinnvoll sein, zwar vorausgesetzt werden muß, aber diesen entweder nicht bewußt ist und deshalb unreflektiert bleibt oder gar abgestritten wird, weil es idealistischer Schein sei, vor den Tatsachen, und dazu zählen danach gesellschaftliche Kräfte – auch wenn sie nicht unmittelbar, sondern durch Modelle begriffen werden — noch etwas vorauszusetzen. Eine kritische Lektüre des Textes von Tudyka relativiert manche politik-theoretische Position, die in den einführenden Texten vertreten ist.

Dirk Berg-Schlosser/Herbert Maier, Theo Stammen: Einführung in die Politikwissenschaft, Beck'sche Elementarbücher, München 1974, 331 Seiten.

Neben der Darstellung des Begriffs der Politikwissenschaft gibt diese Einführung Hinweise auf die Dimension des Begriffs des Politischen, deren erwähnenswerter Vorteil darin besteht, daß sie die Vermittlung der Begriffstypen aufzeigt. Dies geschieht mit dem Hinweis auf die forschungsstrategische Funktion der isolierenden Begriffsbildung. Nicht ohne Nutzen ist die Abhandlung über „Die Lehre vom politischen System".

Gerd Kadelbach (Hrsg.): Wissenschaft und Gesellschaft, Einführung in das Studium von Politikwissenschaft, Neuere Geschichte, Volkswirtschaft, Recht, Soziologie, Fischer-Bücherei 6100, Frankfurt 1967, 343 Seiten.

Dieser Text ist aus dem Funk-Kolleg hervorgegangen. Er ist also für wissenschaftliche Laien geschrieben und kann deshalb besonders als Einführung in die gegenwärtige Lage der Gesellschaftswissenschaften empfohlen werden. Durch die Vereinigung der Hauptgebiete, zumindest der politisch interessanten Entfaltungen der Gesellschaftswissenschaft, stellt der Text auch zugleich ein gutes Hilfsmittel dar, um die Einheit der Sozialwissenschaft zu begreifen.

Axel Görlitz: Politikwissenschaftliche Propädeutik, rororo studium 25, Reinbek 1972, 255 Seiten.

Der Verfasser versucht die Hauptgebiete der Politikwissenschaft, ihren anthropologischen und normativen Bezug genauso wie den der Wissenschaftsorientierung grundlegend darzustellen. Dabei zeigt er das Dilemma des gesellschaftsbezogenen Handelns in einer verwissenschaftlichen Welt, das mit anderen Weltbezügen konkurriert und Schwierigkeiten mit ihrem Realitätsbegriff hat. Die Absicht der Reihe, in ein Gebiet einzuführen, macht diesen Text für ein grundlegendes Studium wichtig.

Klaus von Beyme: Die politischen Theorien der Gegenwart, Eine Einführung, Pieper Sozialwissenschaft, Texte und Studien zur Politologie, PSW 12, München 1972.

Grundlegend wird hier in die politischen Theorien des 20. Jahrhunderts eingeführt. Für den Anfänger erschwerend ist der wissenschaftstheoretische Bezug, der aber letztlich unverzichtbar ist, wenn Politik im neuzeitlichen Verstande Wissenschaft sein soll. Für die Lektüre empfiehlt sich ein zweimaliger Durchgang: Zunächst wäre III. und IV. zu lesen, danach II. und die Einleitung und zum Schluß I. Für den zweiten Durchgang kann dann der vom Autor vorgeschlagene Leseweg in der Reihenfolge der Inhaltsangabe eingeschlagen werden. Da diese Einführung an Gründlichkeit nichts zu wünschen übrig läßt, wird dieser Text dringend empfohlen.

VIII. Politische Ethik und Entscheidungslehre

1. Zur Ethik der Zweck-Mittel-Relation

Es ist ein abgrundtiefer Gegensatz, ob man unter der gesinnungs-
ethischen Maxime handelt: ‚Tue recht und stelle den Erfolg Gott
anheim', oder unter der verantwortungsethischen: daß man für die
(voraussehbaren) Folgen seines Handelns aufzukommen hat (nach
Max Weber).

In einer klassischen Unterscheidung hat Max Weber Wert- und Zielsetzungen dem Bereich der praktischen Politik zugesprochen, während die
Wissenschaft die Dienstfunktion der Analyse habe, ob die jeweils gesetzten Ziele mit den vorhandenen Mitteln überhaupt realisierbar seien
und bei welchen Folgen und Nebenfolgen.

Das Entscheidende einer ethischen Reflexion liegt in der Fragestellung nach dem, was getan werden soll. Dabei darf dieses Gesollte
nicht beliebig sein. Es bedürfte als Beliebiges keiner eigentümlichen
Fragestellung und nachdenkenden Anstrengung, sondern nur der
Macht, es durchzusetzen. Dazu aber reicht Willkür aus. Genau aber
Willkür einzudämmen ist die traditionelle Fragestellung im Bereich
der Politik und gleichzeitig der Versuch der Legitimation der Praxis
in eins mit deren Kritik.

Nun ist der Max Weberschen Position abgesprochen worden, selbst
ethisch zu sein. Sie betreibe vielmehr einen ethischen Nihilismus, da sie
bloß die Prüfung der Mittelwahl für wissenschaftlich zulässig halte.
Dieser Vorwurf träfe zu, wenn Max Weber das Verhältnis von Zweck
und Mittel so trivial bestimmt hätte. Aber für ihn gilt die Erfahrung,
die auch Kant formulierte, wenn er sagt, daß das einzig wirkliche Gute
auf der Welt der gute Wille sei, daß ein guter Wille allein noch nicht
die Realisation des Guten in der Welt ist. Eine politische Ethik, die
zugleich nach den Kosten der Verwirklichung des Erstrebten für das

Gemeinwesen und damit für die Einzelnen fragt, kann als Verantwortungsethik nicht auf die Reflexion der Mittel der Verwirklichung des als ethisch richtig Erkannten verzichten.

Die Zweck-Mittel-Relation im Sinne Max Webers leistet wesentlich mehr. Sie ist zwar nicht unmittelbare Zielreflexion und erst recht nicht Begründungstheorie allgemein abstrakt formulierbarer Ziele, aber sie kann doch aus den je nach Ansatz beliebig zahlreich formulierbaren Zielen diejenigen herausarbeiten, die bei der gegebenen Lage einschließlich der entwickelten Mittelbeherrschung überhaupt in den Bereich der Verwirklichung fallen können. Schließlich kann sie dadurch über die Ziele aufklären, daß sie erhellt, welche Folgen und erwünschte wie unerwünschte Nebenfolgen eine bestimmte Praxis der Zielerreichung haben wird und ob diese mit dem einzelnen Ziel und mit der Summe von Zielen vereinbar sind. Insofern hat die Max Webersche Form zwar nicht unmittelbar den Charakter der Zielbestimmung, aber sie überläßt das Zielproblem auch nicht der reinen Entscheidung des Machthabers, sondern bindet ihn zumindest an seine Maximen zurück, indem sie darauf reflektiert, ob er sie in der Praxis wird durchhalten können.

Es gibt außerdem zwei weitere Gründe, die Max Webersche Form der *politischen Ethik* nicht zu niedrig zu veranschlagen:

— *Einmal:* Praktische Politik befindet sich derzeit wesentlich zu Fragen der Organisation bei festgelegter Entscheidung über Grundposition und erlaubter politischer Zielsetzung genötigt, so daß eine ethisch orientierte Reflexion Organisation und Planung mit in die Überlegung einbeziehen muß, wobei ihre Rückfragen an sie doppelter Natur sein können:

— ist die Organisationsweise und der Planungsaspekt entwickelt genug, um vorgegebenen Zielen gerecht zu werden?

— ist Organisation und Planung überhaupt die Vollzugsweise der Politik, die den Maximen des freiheitlich-demokratischen und sozialen Rechtsstaats genügt?

— *Sodann:* Organisation und Planung selbst ist verstehbar als praktische Notwendigkeit der politischen Klugheit, die Verhältnisse im Sinne der Zielerreichung zu gebrauchen.

Nach Kant kommt der guten Organisation des Gemeinwesens zu, den Antagonismus der verschiedenen Kräfte der Einzelnen und Gruppen so zu richten, daß er sich in seiner Negativität aufhebt: „so daß der Erfolg für die Vernunft so ausfällt, als wenn" die Antagonismen „gar nicht da wären, und so der Mensch, wenngleich nicht ein moralisch-guter Mensch, denoch ein guter Bürger zu sein gezwungen sein wird" (I. Kant: Zum ewigen Frieden). Dabei ist verlangt:

„nicht die moralische Besserung der Menschen, sondern nur der Mechanismus der Natur, von dem die Aufgabe zu wissen verlangt, wie man ihn an Menschen benutzen könne, um den Widerstreit ihrer unfriedlichen Gesinnung in einem Volk so zu richten, daß sie sich unter Zwangsgesetze zu begeben einander selbst nötigen, und so den Friedenszustand, in welchem Gesetze Kraft haben, herbeiführen müssen" (ebd.).

Das Zwangsgesetz hat jedoch einer strikten allgemeinen Regel zu genügen. Es muß nach Kant so verfaßt sein, daß es die Freiheit jedes Einzelnen ermöglicht und ihn zugleich vor jedermanns Freiheit schützt.

2. Zur Ethik der Freiheit

Fragen der politischen Ethik sind nach Kant das entscheidenste Problem des demokratisch-republikanischen Gemeinwesens. Dies ist deshalb ihr zentrales Problem, weil die demokratisch-republikanische Verfassung Freiheit und Gleichheit wesentlich zu ihrem Inhalt hat. Die Freiheit aber kennt kein anderes Gesetz als das moralische. Zwar ist sie nicht unabhängig von der Natur, aber ihre Abhängigkeit ist nur die eines Bedingungsverhältnisses und nicht das einer Determination durch diese.

Die moralischen Forderungen der Gesetze der Freiheit werden nur um ihrer selbst gefordert und, wenn es moralisch zugehen soll, um ihrer selbst willen befolgt. Andernfalls liegt ein anderer Zweck hinter ihnen und bestimmt sie, so daß sie nicht mehr als Handlungen aus Freiheit bezeichnet werden können.

Die Natur wird in diesem Begriff der Moralität zu einem Vehikel des Freiheitshandelns und die Staatskunst und politische Lehre zu jener praktischen Theorie, die die natürlichen Zustände so zu organisieren vermag, daß sie die Freiheit und ihre moralische Gesetzlichkeit ermöglichen und nicht ausschließen.

Dem Freiheits- und Gleichheitsverständnis entsprechend wird die bürgerlich verfaßte Gesellschaft als die Bedingung der *Vollendung* der *Freiheit* und *Sittlichkeit* verstanden:

„Da nur in der Gesellschaft, und zwar derjenigen, die die größte Freiheit, mithin einen durchgängigen Antagonismus ihrer Glieder, und doch die genaueste Bestimmung und Sicherung der Grenzen dieser Freiheit hat, damit sie mit der Freiheit anderer bestehen könne — da nur in ihr die höchste Absicht der Natur, nämlich die

Entwicklung aller ihrer Anlagen, in der Menschheit erreicht werden kann, die Natur auch will, daß sie diesen, so wie alle Zwecke ihrer Bestimmung sich selbst verschaffen solle: so muß eine Gesellschaft, in welcher Freiheit unter äußeren Gesetzen im größtmöglichen Grade mit unwiderstehlicher Gewalt verbunden angetroffen wird, d. i. eine vollkommen gerechte bürgerliche Verfassung, die höchste Aufgabe der Natur für die Menschengattung sein; weil die Natur nur vermittels der Auflösung und Vollziehung derselben ihre übrigen Absichten mit unserer Gattung erreichen kann" (Kant, Geschichte in weltbürgerlicher Absicht, 5. Satz).

Diesem Begriff nach, dementsprechend die Freiheit des Menschengeschlechts ein allgemeiner Naturzweck ist und somit jedermann als Mensch zukommt, ist es politisch unmoralisch — d. h. auch: hebt die Freiheitlichkeit der gesellschaftlichen Vereinigung auf —, wenn um des Staatszwecks willen Gewalt angewandt wird, sobald dieser Staatszweck nicht unmittelbar der Freiheit dient: „Das Recht der Menschen muß heilig gehalten werden, der herrschenden Gewalt mag es auch noch so große Aufopferung kosten".

Die politische Klugheit besteht nun darin, den Einzelnen wie Alle zu den politischen Absichten zu gebrauchen. Der Gebrauch steht aber unter der Kritik des Zwecks und dieser ist im bürgerlichen Verstande der der Freiheit. Dadurch wird der Charakter ihrer *Moralität* im Unterschied zur Klugheit bestimmt:

„Diejenige Politik, welche" zur Erreichung ihres Zwecks „sich solcher Mittel bedient, die mit der Achtung fürs Recht der Menschen zusammenstimmen, ist moralisch".

Der oberste Titel der Freiheit stellt das Kriterium der praktischen Politik dar. Zwar ist Freiheit selbst ein ethischer Begriff, aber für das verfaßte Gemeinwesen der Bundesrepublik Deutschland ist er nicht nur als solcher konstitutiv, sondern auch durch seine *Verrechtlichung* in der Form der *gesetzlichen* Verankerung:

„Der Schutz der individuellen und gesellschaftlichen Freiheit gegenüber Bedrohungen durch Machtausübung der staatlichen Organe ist durch die grundlegenden Verbürgerungen der rechtsstaatlichen Verfassung und die diese Verbürgerung konkretisierende Gesetzgebung institutionell und verfahrensmäßig grundsätzlich gesichert" (Böckenförde: Staat — Gesellschaft — Freiheit, 1976, 336).

Diese rechtliche Verankerung bedeutet, daß das Freiheitspostulat juridische Geltung hat und sich nicht mehr im rechtsfreien Raum ethischer Imperative befindet. Denn die Kodifikation im Recht macht das Freiheitsrecht zur konkretisierten Bedingung der Rechtsgemeinschaft, zu deren Schutz das Recht einschließlich seiner Sanktionen besteht. Die politische Praxis der Freiheit als Moralität besteht nun im Erwerb und der Sicherung der Freiheit. Kant hat darauf aufmerksam gemacht, daß es dabei immer das Problem gibt, daß diese Freiheit zu einer tollen Willkür wird, wenn nicht ein regulierendes Institut dafür eintritt, daß der ermöglichte Freiheitsgebrauch so geschieht, daß die Freiheit eines jeden in Übereinstimmung mit der Freiheit jedes anderen geschieht. Deshalb plädiert er letztlich für den konstitutionellen Staat und das monarchische Prinzip, das nach republikanischem Geist zu regieren habe.

Das politische Konzept des Staates des Grundgesetzes ist in seiner Verrechtlichung definiert und der Dispositionsfreiheit des Souveräns und seiner Repräsentanten weitgehendst entzogen. Zugleich ist Politik unter einen moralischen rechtlichen Titel in einer Bestimmung, nämlich der der Freiheitlichkeit, geraten, dessen übergreifender Begriff der der Menschenwürde in ihrer Unhintergehbarkeit ist (GG Art. 1). Von dieser perennierenden Vorentscheidung her wird dann die *Praxis der Politik* bestimmt und kritisierbar:

„Versteht man Freiheit als rechtlich gesicherte reale Entfaltungsmöglichkeit der einzelnen in und gegenüber der Gesellschaft, so besteht dieses Problem in zweifacher Hinsicht: Einmal im Hinblick auf die Herstellung solcher Freiheit, die sich im Kontext gegebener und sich neu bildender gesellschaftlicher Machtverhältnisse keineswegs — etwa als Ausgangspunkt allen gesellschaftlichen Lebens — von selbst versteht, sondern allererst durchgesetzt werden muß; zum anderen im Hinblick auf die Erhaltung der einmal entstandenen und verbürgten Freiheit gegenüber den Ungleichheitsbewegungen in der Gesellschaft" (Böckenförde, 336 f.).

Die Problematik besteht in der aktuellen Situation nun einmal darin, daß dem Staat der Daseinsvorsorge als solchem überhaupt die Fähigkeit abgesprochen wird, moralische Kriterien als die seinigen anzuerkennen und zu beachten. Sein Problem ist vielmehr der materielle Ausgleich des Gruppenegoismus und präventiv die Verhinderung der unbeschränkten Aneignung der beschränkten Güter der Daseinsvorsorge einerseits und die Befriedung derjenigen, die durch das System nicht bedient werden. Der rein funktionalistische Interpretationszusammenhang des an ausgleichenden und befriedenden Verfahrens orientierten Systems der Daseinsvorsorge und des Interessenausgleichs hat eine Staatslehre ohne Tugend hervorgebracht (Forsthoff). „Freilich: der moderne Staat ist kein Institut zur Gewährleistung der Tugend im platonischen Sinne, und es wäre eine Utopie, ihn dazu machen zu wollen. Der moderne Staat ist primär eine Institution zur Daseinsermöglichung im weitesten Sinne des Wortes, die aber der Tugend bedarf. Alle Versuche, sie durch eine weltanschauliche ‚Ausrichtung‘ zu ersetzen, sind ebenso gescheitert wie der Versuch, sie in politischen Organisationen zu züchten" (E. Forsthoff, in: H.-D. Wendland [Hrsg.]: Politik und Ethik, 1969, 347).

Die von Forsthoff formulierte Forderung nach einer allgemeinen Verläßlichkeit im ethischen Sinne als politischer Tugend würde bedeuten, daß den Mitgliedern des Gemeinwesens ein Gemeinsinn innewohnt. Wenn er abstrakt genug bestimmt wird, mag er durch eine allgemeine Idee der Freiheit gedeckt sein und auch dadurch, daß diese Konkretisierungen im Verhalten erfährt, die die Gewähr für das zusammenstehende Leben im Gemeinwesen bieten. Die politische Moral ist aber damit nicht hergestellt, daß die Bürger privat eine Moral favorisieren.

Die Idee einer ethischen Maxime des politischen Handelns im Unterschied zu Nützlichkeitserwägungen liegt im Charakter ihrer Verallgemeinerung und damit ihrer Fähigkeit zu orientieren und zu vergleichen. In dieser Hinsicht haben normative Postulate eine praktische und theoretische Seite zugleich. Das verallgemeinerte Kriterium zur Bestimmung des Charakters der Praxis heißt Norm.

Norm ist „ein generalisierter oder, wie wir auch sagen können, ein abstrakt-allgemeiner gesollter Verhaltensentwurf. Nur aufgrund von Normen kann sich der Mensch in immer reicherem Maße in der Welt einrichten und entfalten und die Kultur aufbauen. Der einzelne bedarf der Norm, um sich gewissermaßen unter deren Schutz der Gestaltung der Wirklichkeit zuwenden zu können" ... Normen bedeuten „eine ‚Entlastung‘; genauso wie die abstrakt allgemeinen Begriffe und die Gesetze im Bereich der Tatsachen" ... „Diese ‚Entlastung‘ ist zugleich Vorsorge, weil sie nicht nur anderes Verhalten freisetzt. Das ganze Feld der Praxis ist von Normen beherrscht. Im besonderen bedarf gerade das gemeinschaftliche Dasein nicht nur der Norm überhaupt, sondern einer großen Zahl möglichst abstrakt-allgemeiner Normen, die verläßliche Erwartungen im gegenseitigen Verkehr begründen, damit ‚entlasten‘ und Vorsorge ermöglichen" (Ryffel: Rechts- und Staatsphilosophie, 1969, 140).

Das politische Problem einer politischen Ethik besteht darin, daß ohne gemeinsamen Konsens über die tragende Bestimmung des Gemeinwesens, entweder gewaltsam eine Maxime vereinseitigend durchgesetzt wird, oder aber ein Relativismus entsteht, der die Entscheidung über das Kriterium der Richtigkeit auf der Ebene der politischen Auseinandersetzung selbst ansetzt und alles für richtig erklärt, was sich durchsetzt.

„Die Auffassung, daß alle objektive, intersubjektiv ausweisbare Erörterung und Rechtfertigung von absoluten, letztem Richtigem (letzten Werten, Endwerten, höchsten Zielen) unmöglich oder sinnlos seien, bedeutet, genau besehen, daß alle letzten Stellungnahmen gleichberechtigt sind. Dies führt, wenn folgerichtig durchgehalten, zu Willkür und Beliebigkeit und damit zur Selbstzerstörung des einzelnen und der Gemeinschaft, letztlich" . . . „zur Gewalt als dem letzten Ausweg. Im Grunde handelt es sich um einen verkappten Absolutismus der jeweiligen faktischen Richtigkeitsvorstellungen (Werte)." . . .
„Sofern die Orientierung an Richtigem als tragendem Grundsinn der Praxis verworfen wird, ist die nunmehr letztlich alles tragende Grundannahme, und zwar als ständig gegenwärtige Möglichkeit, die jederzeit aktualisiert werden kann, der unvermeidliche Konflikt" (ders., 273 f.).

3. Politische Konsequenz der Theorie-Praxis-Differenz

Ein weiteres, grundsätzliches Dilemma der ethischen Begründung der Politik aus dem Geist der Erkenntnis des Richtigen besteht darin, daß Theorie und Praxis wesensmäßig auseinanderklaffen. Das Bewußtsein in seiner endlichen Gestalt holt die Praxis reflektierend im Nachhinein ein und erkennt in der Reflexion die Differenz zwischen Wirklichkeit und Sollen. Die Differenz wird auch nicht durch ein *vorentwerfendes Denken* aufgehoben:

— Einmal bezieht dieses vorentwerfende Denken die zwischen dem Gedanken und der Verwirklichung fallende Praxis nur theoretisch mit ein.

— Sodann fällt zwischen den Gedanken und seine Verwirklichung die Differenz der Zeit mit ihrer unendlichen Möglichkeit der Fülle der Erscheinungen und die Bedingtheit der Verwirklichung des Gesollten durch die Mittel.

Daraus resultiert als Problem, daß ein vorentwerfendes Denken, das unvermittelt praktisch sein will, gegen die Wirklichkeit gewalttätig sein muß, um sie in dem Zustand der Annahmen seines Entwurfs zu erhalten und so die Verwirklichungsbedingungen seines Denkens einzufrieren. Die Unbedenklichkeit jedoch gegenüber der Gewalt der Moralität auf seiten der Moralität wird dann selbst zu einem Faktum der Veränderung, die die Differenz zwischen Gewolltem und Erreichtem festhält und deshalb die moralisierende Politik in ihrem Zwangscharakter fixiert. Dagegen hilft nur die politische Tugend der Mäßigung einerseits und die Anerkennung der Vernunft der Faktizität einschließlich der Anerkennung und Achtung der Vernünftigkeit aller Anderen, die zum widerstreitenden Subjekt im Zwangssystem einer moralisierenden Politik werden können.

Die zweite Maßnahme ist die Achtung der Differenz selbst vor allen Dingen im Hinblick auf die Wahl der Mittel und abgeleitet davon die Bestimmung der möglichen Ziele, nämlich daß nur solche Ziele zum Prinzip des Handelns werden, die überhaupt eine Chance auf Verwirklichung haben, wenn die Würde der anderen Achtung behält.

Die dritte Maßnahme ist die Formulierung der Grenzen der Erkenntnis und der Machbarkeit als Grenzen des politischen Handelns und der limitierenden Institutionalisierung.

Die vierte Maßnahme ist die Beachtung der ethischen Maximen als bloß regulative Ideen und nicht als unmittelbare Praxis. Andernfalls besteht die Gefahr der zwangsideologischen Verabsolutierung und Identitätsbildung, die wiederum die Endlichkeitsbedingungen des erkennenden Verstandes negiert und zum Terror einer sich selbst setzenden Moral führt. Das Postulat der Freiheit und die Achtung der Würde aller unter Einschluß der Anerkennung ihrer Vernunftsfähigkeit hat als Konsequenz, daß die inhaltlichen wie formalen Implikationen des Gemeinwesens nur über den Weg der öffentlichen Überzeugung für das politische Verhalten konstitutiv gemacht werden können. Öffentlichkeit der Verfahren des Gemeinwesens und öffentliches Räsonieren als konkurrierende öffentliche Meinungsbildung gehören daher unmittelbar zum Wesen einer politischen Moral, die die Freiheit aller achtet.

Wie für jede Ethik so gilt auch für die politische Ethik, daß sie sich weder allein durch das instrumentell Machbare bestimmen lassen darf, noch durch das allgemein Gewollte. Das instrumentell Machbare als Basis der Zielbestimmung würde bedeuten, daß die jeweils vorhandenen Mittel die Ziele des Gesollten überhaupt bestimmen. In praktischer Hinsicht bestimmen die Mittel jedoch nur, was zur gegebenen Zeit gemacht werden kann. Die Zielbestimmung an sich ist davon unabhängig. Sie muß den Mitteln vorauslaufen, wenn eine Entwicklung stattfinden soll. Im Rahmen der Erläuterungen über das Zweck-Mittel-Verhältnis ist jedoch klar, daß die jeweils historisch vermittelte Formulierung der Ziele nicht gänzlich losgelöst von den Mitteln geschieht. In Formen der konkreten Utopie jedoch wird über die Faktizität der Mittel hinausgegangen unter Einschluß der Idee jedoch, daß für das vorgestellte Ziel Mittel möglich wären.

Sodann ist die Orientierung an einem wie auch immer entschiedenen Willen Vieler selbst nur dann ein Kriterium, wenn dieser Wille auch die ethische Rechtfertigung des Gewollten mit einschließt. Das numerische Prinzip ist hinsichtlich der Konstitution einer politischen Ethik nicht ausreichend. Unter den Bedingungen der Aufnahme praktisch-historischer Erfahrungen in die Reflexion der Ethik des Politischen formuliert sich das Kriterium der Ethik analog des Satzes Spinoza': Die Wahrheit ist das Kennzeichen ihrer selbst und des Falschen, bzw. das Falsche ist das Kennzeichen seiner selbst und der Wahrheit, sowohl aus unbedingten Prinzipien wie aus der Erfahrung — und minimalistisch: ex negativo. Zugrunde liegt also ein ethischer Minimalansatz mit dem Konsens-Postulat, auf das politische Ethik angewiesen ist, um nicht Theorie zu bleiben, sondern Praxis, die die Bewährung ihrer Wahrheit ist, da über das, was nicht sein soll, Einigkeit eher zu erzielen ist als über das, was positiv gesollt werden soll. So versteht auch Kant und in seinem Gefolge Hegel das öffentliche Recht als das ethische Minimum, durch das für den Einzelnen die Freiheit des ethischen Handelns ermöglicht wird, das die Möglichkeiten der Gesellschaft als ganzes überschreitet, weil sie auch die ethische Mittelmäßigkeit, ja die Weigerung ethischen Postulaten gegenüber, zu berücksichtigen hat. Ethischer Rigorismus und moralische Heroik ist Sache des Einzelnen oder der sich dazu verbindender Individuen. Der Staat als organisierte Gesellschaft ist erst recht unter modernen Bedingungen Zwangsgemeinschaft und kann maximale Leistungen nicht fordern, sondern nur Voraussetzungen sichern.

Daher stellt sich für die politische Ethik die Frage der allgemeinen oder doch mindestens mehrheitsfähigen Zustimmung. Darin kumuliert auch die These Hegels, daß Ethik und Recht im öffentlichen System der Gesellschaft korrespondieren. Eine Gesellschaft hat keine besseren und umfassenderen Rechtskodifikationen als sie sich an öffentlicher, ethischer Zumutung zutraut.

4. Anleitung zur Prüfung ethischer Inhalte

An Hand der bisherigen Bestimmungen ließen sich folgende Kriterien festhalten, die an politische Theorien und politische Praxis herangetragen werden könnten. Für die konkrete Bewertung wäre dabei nach dem *Grad* der *Konkretisierung* in *Entwürfen* und der *Verwirklichung* in der *Realität* zu fragen:

— Liegt eine Idee des allgemeinen Besten und/oder des öffentlichen Wohls zugrunde?

— Vermittelt sich der politische Entwurf mit historischen Konzepten des besten Staatswesens oder setzt er sich selbst absolut?

— Praktiziert das Regime das System der Gewaltenteilung (regimen mixtum)?

— Reflektiert die politische Theorie und Praxisanweisung die Einheits- und Differenzproblematik von Nomos (Gesetz) und Ethos (Verhaltensregel)?

— Berücksichtigt der Entwurf das Problem der allgemeinen Konsensfähigkeit politischer Ethik?

— Sind politische Theorie und Praxis problemorientiert gegenüber einer Verabsolutierung von

positiver $\Big\}$ *Zielvorstellung* $\left\{\begin{array}{l}\text{Fortschritt der Sittlichkeit} \\ \text{Verfallsbewegung der Tugend} \\ \text{(als Verlaufsform der gesellschaft-} \\ \text{lich-geschichtlichen Bewegung)?}\end{array}\right.$
negativer

— Besitzen Praxis wie Theorie ein kritisches Bewußtsein davon, daß sie „auf geistesgeschichtliche und institutionelle Garantien weithin verzichten" müssen und „von der Erkenntnis auszugehen" haben, „daß dem verantwortlich Handelnden und ethisch Mitdenkenden weithin die Last des Handelns selbst auferlegt ist? Diese Verantwortung gilt sowohl gegenüber den Mitteln der Politik als auch gegenüber den Zwecken, das heißt konkret, die traditionellen Maßstäbe für gerechtes Recht, gute Erziehung, öffentliche Sitte und für die gemeine Wohlfahrt dürfen aus der Vergangenheit nicht ungeprüft in die Gegenwart einströmen, sondern müssen sich vor dem Forum der individuellen und überindividuellen Erfahrung und der in freier geistiger Auseinandersetzung lebender Öffentlichkeit bewähren" (Heinz-Dietrich Wendland/Theodor Strohm, in: Politik und Ethik, Darmstadt 1969, 4).

— Akzeptieren und praktizieren politische Theorien und Systeme das Prinzip der Meinungs- und Diskussionsfreiheit und der Öffentlichkeit der politischen Verhandlungen und vor allem Entscheidungen?

Diese Aspekte gehören zu den elementaren Voraussetzungen einer politischen Theorie, wenn sie ethische Qualität für sich beanspruchen will. Das Prinzip der Öffentlichkeit ist zunächst rein formal-technischer Art, nämlich daß diejenigen, die zustimmen sollen, wenigstens mit dem, dem sie zustimmen sollen, bekannt sein müssen und, um die geistige Ebene zu erreichen, auf der ethischen Bestimmungen begriffen und verinnerlicht werden, sodann aus Gründen, denen nach „die öffentliche Auseinandersetzung um die richtige Gestaltung der Sozialverhältnisse eine geistige Auseinandersetzung bleiben muß und nicht im Ansatz durch die Vergewaltigung und potentielle Vernichtung von Menschen durch Menschen beendigt werden darf" (Politik und Ethik, a. a. O., 4).

Als weiterer Grund für die Öffentlichkeit und Freiheit der ethischen Diskussion ist Kants Hinweis auf die Bedingungen einer aufgeklärten Gesellschaft zu nennen, daß nämlich dort nichts gerechtfertigt sei, was nicht der öffentlichen Diskussion standhalten könne, wobei Kant jedoch von der Geltung der Vernunft in der Öffentlichkeit ausging. Dies konnte er allerdings noch getrost tun, da er es weitgehend mit der begrenzten Öffentlichkeit des Bildungsbürgertums zu tun hatte. Jedoch zeigt sich auch noch ein anderer Aspekt der öffentlichen Diskussion, der positiv veranschlagt werden sollte: Angesichts des Mangels an experimentellen Möglichkeiten für die praktische Umsetzung ethischer Reflexion ist die öffentliche Diskussion die Probe aufs Exempel. Die Praxis des öffentlichen Diskurses wird zum dilatorischen Beweis der Wahrheit einer ethischen Reflexion.

Mit diesen Merkmalen für Kriterien einer politischen Ethik ergeben sich allerdings auch Fragen, wie sie in Herbert Marcuses Aufsatz „Repressive Toleranz" impliziert sind, nämlich worin denn nun die Kriterien dafür liegen, daß eine Aussage den Anspruch der Vernünftigkeit und damit Maßgeblichkeit für sich beanspruchen kann. Es stellt sich die Frage, ob die Forderung der Meinungsfreiheit bedeutet, das alles und jedes für sich beanspruchen kann, in den Prozeß der öffentlichen Prüfung Einlaß zu finden. Die Tatsache gerade, daß die Medien der Öffentlichkeit die Instrumente sind, die die Sensationslust anstacheln und durch ihren Informationsüberhang an unwichtigen Nachrichten jede Unterscheidungs- und Entscheidungsmöglichkeit blockieren, fördert geradezu die Ausschaltung der Öffentlichkeit als kritische Instanz der Entscheidung. Dadurch weiß sich der ‚politisch Verantwortliche' legitimiert, die Entscheidung ins Arkanum der politischen Institutionen zurückzunehmen, die dadurch sich immer mehr von den Betroffenen, die auch zugleich die Substrate der politischen Systeme sind, entfremden.

Andererseits stellen sich auch die Probleme, die Arnold Gehlen in seinem Werk ‚Moral und Hypermoral' benennt, nämlich das Überwuchern moralischer Forderungen subjektiver Natur, die im öffentlichen Bereich zwar keinen Anspruch auf Verwirklichung finden können, aber dennoch nicht auf die öffentliche Durchsetzung ihres Willens verzichten wollen und Subjektivismus und gesellschaftliche Objektivität verwechseln. Hier vermag Hegels Begriff der institutionalisierten Sittlichkeit eine Hilfe zu sein, der davon ausgeht, daß sich die Sittlichkeit einer Gesellschaft eben nicht subjektivistisch vermittelt, sondern in einer Triade, in der Subjektivität, partielle Totalität und das Ganze des gesellschaftlichen Bewußtseins vermittelt sind, denn sowohl haben der Einzelne als auch dessen Gemeinschaften wie das Ganze des gesellschaftlichen Daseins das Recht, die Bedingungen der Verwirklichung des Je-Substantiellen zu bestimmen, doch nur in übereinstimmendem Zusammenhang. Daher ist für Hegel auch das Gefüge der Institutionen Indikator für die Sittlichkeit einer Gesellschaft und nicht das Räsonnement oder eine schriftlich-formale Kodifizierung. Der Grund dafür wird auch einsichtig, wenn man sich vor Augen hält, daß etwa 160 Staaten die Menschenrechte zwar unterzeichnet haben, also einer Kodifikation zustimmten, immerhin 80 aber durch Amnesty International der Menschenrechtsverletzung beschuldigt werden. Die institutionelle Praxis ist der Entscheidungspunkt und die objektive Grundlage für das Urteil des Einzelnen über den Zustand des Ganzen und seiner eigenen Möglichkeiten in diesem.

5. Vor- und außerethische Theorien der politischen Entscheidung

Von einer politischen Ethik im Sinne der Reflexion des erstrebenswerten höchsten Gutes des Gemeinwesens im Modus der Vermittlung mit dem Ethos des Einzelnen unterscheiden sich zwei politische Theorien des politischen Handelns, die als vor- oder *außerethische* Theorien der politischen Entscheidung bezeichnet werden können:
— Theorie der Politik als Planung und Organisation
— Theorie der Politik als Beherrschung des Ausnahmezustandes.

5.1 Zum Planungskonzept

Unter den Bedingungen der Herrschaft der Planungsideologie, die ein Resultat einer sogenannten Entideologisierung der Gesellschaft ist, d. h. die unter der Bedingung funktioniert, als seien Wertsetzungen gesellschaftlich nicht vermittelbar, ja als sei dies gar nicht wünschenswert, wird die Gesellschaft zum Ort der Organisation von Sachen und der Versachlichung aller zwischenmenschlichen, gesellschaftlichen Bezüge. Die Zieldefinition des politischen Handelns erscheint in dieser Formulierung der sachgerechten Entscheidung schon erledigt, weil abgeschlossen.

Politik als Planung ist nur Vollstreckung und Bewahrung des Vollstreckungsbeschlusses.

Sie verfällt in absolutistisches Wohlfahrtsdenken und macht die staatlichen Organe zum allmächtigen Büttel des allgemeinen Wohlhabens. Diese Art von Daseinsvorsorge betrieb der obrigkeitliche Staat der Daseinsvorsorge des aufgeklärten Absolutismus. Demokratische Politiker, die sich im Dienst dieser Funktion verstehen, denaturieren das Wesen der Politik und der demokratischen Legitimation. Denn sie ist wesentlich gegeben in bezug auf die Entscheidung über die gesamtgesellschaftlich verbindlichen Ziele einer Gesellschaft, in der die Betroffenen idealiter auch die Entscheidungsträger und damit die Verantwortlichen sein sollen. Der für die sinnabstinente Politik entscheidende *Planungsbegriff* lautet:

Politische Planung ist Entwicklung von Methoden der Systembeeinflussung unter Bedingungen krisenhafter Entwicklungen und der Systemerhaltung mit Hilfe sozialer Indikatoren als quantifizierte gesellschaftliche Information.

Die Tatsache der Quantifizierung bedeutet aber, daß das Instrumentarium zur inhaltlichen Unterscheidung der Krisenbedingungen unterentwickelt bleibt und deshalb politische Entscheidung willkürlich wird gegenüber inhaltlichen Präferenzen und deren partieller Anerkennung. Denn nur um partielle Anerkennung handelt es sich. Sie gilt so lange, als nicht eine machtvollere Darstellung anderer Präferenzen erfolgt. Die Medien der veröffentlichten Meinung und die demoskopischen Analysen werden daher essentiellen zum Trendmesser. Die Entwicklung dieser Trends bleibt aber im Dunklen und daher jederzeit manipulierbar.

Politik, die sich als Systemerhaltung definiert, benötigt keine Entscheidungen im fundamentalen Verstande, da — entsprechend dem Ansatz der kybernetischen Systemtheorie — es keiner politischen Entscheidung bedarf. Diese ist im Systembegriff — der tendenziellen Stabilität und der tendenziellen Funktionalität einerseits und der Annahme, daß das System selbst alle Entscheidungen durch die Produktion seiner Daten liefere, andererseits — enthalten.

Die einzig wirkliche politische Entscheidung im Sinne eines kybernetischen Planungsmodells ist die Konstituierung des Systems. Ales andere ist Administration.

Die Planung geht von einer durch Entscheidungen getroffenen Vorannahme aus, der in der Wirklichkeit der Planungsverwirklichung nichts mehr entsprechen muß. Sowohl der Plan kann diese Vorannahmen verändern wie sich auch während der Phase der Planerstellung und seiner Umsetzung die realen Implikationen seiner Vorannahme verändert haben können. Deshalb muß Planung ständig revidiert werden oder sich gewaltsam gegen die Revisionsbedingungen wenden.

Das Hauptproblem liegt in der Eindimensionalität des Planungsdenkens, das gerade dann konstituiert wird, wenn Ziel und Zielkonkretisierung sich in einem kybernetischen Modell gegenseitig bedingen. Dies ist in folgender *Bestimmung* der Fall:

Planung wird definiert „als zielorientiertes Denken für Handlungszwecke, so daß Ziele integrierter Bestandteil jeder planerischen Tätigkeit sind. Die Zielproblematik ist jedoch nur in besonderen Situationen vernachlässigbar, nämlich überall dort, wo das planende Subjekt gleichzeitig auch der Betroffene der Plandurchführung ist, wo das Subjekt also für sich plant. In diesem Falle beschäftigt sich Planung mit der Optimierung und Durchführung selbstgewählter Ziele; eine Fremdbestimmung ist ausgeschlossen.

Sobald das planende Subjekt jedoch nicht mit dem Planungsobjekt identisch ist, wird die Zielproblematik unmittelbar relevant. Es ist dann die politische Dimension erreicht; Planung realisiert sich dann in Abhängigkeitsverhältnissen, da das planende Subjekt in der Planausführung per Disposition über das Objekt verfügt. Diese Art von Planung nimmt aufgrund der Differenzierung des gesellschaftlichen Prozesses immer mehr zu. Sie bedeutet für die Betroffenen zunächst eine fremde Bestimmung. Wie diese zu beurteilen ist, hängt entscheidend von der Art und Weise der Zielfindung ab, weist also auf die gesellschaftliche Willensbildung hin" (Rudolf Werner: Soziale Indikatoren und politische Planung, Einführung in Anwendungen der Makrosoziologie, Reinbek 1975, 18 f.).

Die Problematik besteht in diesem Planungsbegriff darin, daß die Annahme gemacht wird, Selbstbestimmung sei an sich schon werthaft. Die These von der Identität des Entscheidungssubjekts und des Objekts der Entscheidung als einem Zustand, der politisch unproblematisch sei, entspricht keineswegs der politischen Erfahrung mit der Identitätsthese. Genau der Versuch, Volk und Individuum, indem es als ein völkisches bestimmt wird oder Klasse und Individuum als klassenabhängiges, weil identisches, zu identifizieren, hat politisch immer zur Folge gehabt, daß die Entscheidungen als nicht weiter legitimierbar betrachtet wurden. Das Faktum der Identität, wenn auch gewaltsam hergestellt und demagogisch akklamiert, wurde als ausreichende Legitimation angesehen, die politisch nicht verantwortet werden mußte, weil sie eine unpolitische Kategorie war. Auch ist nicht nur die Art und Weise der Willensbildung entscheidend, denn jegliche auf Gesellschaft bezogene Planung und Wilsensbildung hebt die Identität von Subjekt und Objekt auf. Daher muß nach den Kriterien dafür, was ein Ziel sein kann, gesucht werden.

In der politischen Theorie ist dieser Aspekt weitgehend vernachlässigt worden. Die Vernachlässigung der Frage nach dem gemeinsamen Guten durch die Annahme, als ob die grundlengenden gesellschaftlichen Fragen ein für allemal entschieden seien, stellt einerseits eine Verarmung, andererseits eine Verohnmächtigung des politischen Systems und der Bedingungen seiner Attraktivität dar. Attraktivität wird daher bei subkulturellen Surrogaten gesucht, die aber keineswegs unpolitisch sind, wie die Apathie und Aggression gegenüber dem System manifest deutlich machen. Außerdem befindet sich der so verstandene Systembegriff des Politischen im Widerspruch zur These von der mobilen und offenen Gesellschaft. In der Tat aber exekutiert die politische Administration gesellschaftlich längst durchgesetzte Verhaltensweisen im Nachhinein und ist damit weder Grund noch allzu bedeutendes Hindernis gesellschaftlicher Bewegungen.

5.2 Zu Ausnahmezustand und Aktionismus

Zum Begriff der Politik als vollziehender Planung korrespondiert der Versuch, Politik vom Ausnahmezustand her zu bestimmen. Der Ausnahmezustand ist die radikale Alternative zur Planungsnormalität als formalistischer Entscheidung im System der Rationalisierung der Zweck-Mittel-Struktur bei vorgegebenem Zweck und implizierter Stetigkeit.

„Ausnahmezustand herrscht dann, wenn die Orientierung an Normen und Regeln, am Herkömmlichen und Gewohnten nicht mehr weiterhilft. In der Ausnahmesituation gilt es, notfalls mit ungewöhnlichen Mitteln einen Zustand allererst wiederherzustellen, dessen Ordnung neue Verbindlichkeiten schafft. Die Wiederherstellung einer solchen Normalsituation ist im Ausnahmezustand der außerordentliche Zweck, der außerordentliche Mittel rechtfertigt, weil sie dienen, Verhältnisse zu schaffen, unter denen ihre Verwendung nicht mehr gerechtfertigt wäre. Eben darin liegt die Wahrheit der Kernthese des Machiavellismus, daß der Zweck die Mittel heilige. Diese These ist an der Ausnahmesituation orientiert. Sie meint, daß der Extremfall die Verwendung extremer Mittel erzwingt, wenn es anders nicht möglich ist, seiner Herr zu werden, das heißt zur Normalität zurückzukehren" (Hermann Lübbe: Theorie und Entscheidung, Studien zum Primat der praktischen Vernunft, Freiburg 1971, 7).

Dagegen ist darauf abzuheben, daß das Geschäft des Ordnens im Bereich des Politischen ebenso wie jedes andere Handeln ein Alltagshandeln ist und sich nicht ständig im Ausnahmezustand der extremen Entscheidungen befindet. Vielmehr ist dies der Zustand des Chaos, in dem zu extremen Mitteln gegriffen werden muß. Hier jedoch stellen sich alle Fragen der Politik grundsätzlich; vor allem auch die nach dem Subjekt der Entscheidung. Der Ausnahmezustand ist im Sinne Carl Schmitt's ja nicht allein durch die extreme Mittelwahl gekennzeichnet, sondern auch dadurch, daß durch die Fähigkeit zum Mittelgebrauch der Souverän des Ausnahmezustandes bestimmt wird. Dieses Mittel kann auch die Guillotine sein. Sie ist jedoch, wie die Kritik der Französischen Revolution durch den Deutschen Idealismus deutlich zu machen versucht hat, die Herrschaft des Schreckens und noch nicht die Bewältigung des Ausnahmezustandes selbst. Politik im vernünftigen Verstande besteht vor allem in der Vermeidung dieses Ausnahmezustandes. Diese Aufgabe vermag sie jedoch nur zu leisten, wenn sie das Regel- und Normproblem politisch berücksichtigt, d. h. wenn sie es gar nicht erst zu jenem Vakuum kommen läßt, in dem der Ausnahmezustand durch die chaotischen Bedingungen zwangsläufig wird und politisches Handeln normschöpfend tätig zu werden versucht.

Die Problematik der Ausnahmesituation besteht darin, daß sie um nichts ethischer ist als die Planung. Sie ist wie diese blind für die reflektierte, vernunftbegründete Zielbestimmung. Durch Macht okkupiert sie sich, scheinbar inhaltlich legitimer, die Definitionsgrundlagen des Planungsdenkens:

„In der Ausnahmesituation gewinnt die Aktion Entscheidungscharakter. Wenn die Situation die pragmatische Geltung der Normen sprengt, wenn also Befolgung der Normen die Bedingungen der Selbsterhaltung gefährdet, so setzt das Subjekt des Handelns, sofern es die unaufhebbare Geltung der Normen nicht unpragmatischscheiternd zu bezeugen entschlossen ist, diese Normen für sich selbst außer Kraft und entscheidet in der Freiheit einer quasi absoluten Situation. Diese Freiheit der souveränen Entscheidung, die das Gesetz nicht befolgt, sondern stiftet, ist der eigentliche Inhalt jener Romantik, welche die Ausnahme gegen die Norm ausspielt. Sie feiert die Kraft, die zu solchen Entscheidungen fähig ist, und definiert das Leben als einen Zustand, der sie in Permanenz fordert" (H. Lübbe, a. a. O., 8 f.).

Den Ausnahmezustand hat u. a. die Gewalttheorie G. Sorrel's mit der Hochsteigerung des Irrationalismus und der Bestimmung der schöpferischen Kraft des Massenstreiks zum Inhalt des politisch Normalen gemacht. Ebenso ist dies Inhalt bei Carl Schmitt's Wendung zum Führerstaat, der durch die Faktizität der Machtübernahme hinreichend legitimiert ist, da es die Aktion ist, die rechtfertigt. Habermas verrechnet unter diesem Phänomen auch den blinden Aktionismus einer außerparlamentarischen Opposition, die sich gegenüber der Wirklichkeit verweigert und im spontanen-kreativen Akt die Neugeburt des gesellschaftlichen Wesens erblickt. Dieses aber kann sich nicht per Zufall als Allgemeines konstituieren. Daher muß es entweder das mühsame Geschäft der Überzeugung aller übernehmen, was bedeutet, daß es politisch labil bleibt, bis die Anerkennung geschieht oder es muß die Herrschaft des Schreckens errichten, um die Befolgung seiner Maximen zu erzwingen. Es kann nun nicht davon ausgegangen werden, daß das politische Alltagsgeschäft in normschöpfender Tätigkeit besteht. Ein im Sinne eines Normdefizits beschriebener Ausnahmezustand gehört zu den seltenen Zwischenfällen der politischen Geschichte. Er ist vor allem dann vermeidbar, wenn die Frage nach dem Gut der Gesellschaft ständig zur Debatte steht, was nicht identisch ist mit der Entscheidung über ihn. Die Debatte hat hierbei vielmehr die Funktion der Vermittlung und der Konstitution eines am Wert der sittlichen, publikumswirksamen Reflexion orientierten ethischen Bewußtseins für das Gemeinwesen. Die ständige Reflexion und Vermittlung des ethischen Gehalts der politischen Konstitution der Gesellschaft hat dann schließlich auch den Effekt, daß genau das moralische Bewußtsein es ist, das den Ausnahmezustand vermeidet und dadurch Politik als befriedende Tätigkeit des Alltagshandelns erfahrbar macht, das von der Heroik des aktionistischen Augenblicks entlastet. Es ist somit nicht nachteilig, wenn Politik ohne Sensation empfunden wird und sie nicht ständig damit beschäftigt ist, Menschheitsfragen zu lösen. Es genügt, daß sie im Bewußtsein der moralischen Pflicht geschieht.

Literatur

Heinz-Dietrich Wendland/Theodor Strohn (Hrsg.): Politik und Ethik, Wissenschaftliche Buchgesellschaft, Darmstadt 1969, 487 Seiten.

Diese Antologie zum problematischen Verhältnis von Politik und Ethik behandelt klassische Themen dieser Beziehung, Fragen, die durch die gesellschaftliche Konzeption der Demokratie neu entstanden sind, und schließlich das Problem unter dem Gesichtspunkt atomarer Rüstung. Die grundlegenden Beiträge prominenter Verfasser erhellen die Schwierigkeiten einer politischen Ethik, die nach einer Bestimmung Max Webers z. B. dadurch gekennzeichnet ist, daß sie nicht identisch ist mit den Kategorien einer personalen Ethik. Während in dieser die Kosten des ethischen Rigorismus von jedem Einzelnen übernommen werden, werden diese im gesellschaftlichen Bereich den Menschen, womöglich unbefragt, aufgebürdet.

Heinz-Dietrich Wendland: Einführung in die Sozialethik, Sammlung Göschen, Band 4203, Berlin 1971, 154 Seiten.

Von einer Reflexion der unterschiedlichen Funktionen der Sozialethik in statischen und dynamischen Gesellschaften ausgehend, versucht der Autor Grundfragen und Notwendigkeit einer Sozialethik zu bestimmen. Dabei setzt er den christlichen Humanismus als Leitbegriff der Sozialethik. Probleme der Wirtschaftsethik und der Zukunft der Gesellschaft beschließen diese Einführung.

Hermann Lübbe: Theorie und Entscheidung, Studien zum Primat der praktischen Vernunft, Verlag Rombach, Freiburg 1971, 187 Seiten.

Diese Veröffentlichung Lübbes enthält dessen Aufsätze zur Problematik der Entscheidung und der politischen Moral. Dabei werden alle Probleme angeschnitten, die aus dem Zusammenhang einer durch Technik mächtig gewordenen Gesellschaft entstanden sind und neue, ethisch zu verarbeitende Situationen geschaffen haben. Die Auseinandersetzung mit dem Planungsdenken nimmt einen zentralen Stellenwert ein. Die Veröffentlichung ist auch deshalb interessant, weil der Philosoph Lübbe als Staatssekretär direkte Erfahrungen mit politischer Planung machen konnte.